Fischer TaschenBibliothek

Alle Titel im Taschenformat finden Sie unter:
www.fischer-taschenbibliothek.de

»Tied is all us'n.«

(Die Zeit gehört uns. Bedeutet: Es ist nicht schlimm zu warten. Lebensweisheit aus ostfriesischen Arztpraxen.)

Katharina Jakob kommt vom Bodensee und lebt seit 1988 in Hamburg. Sie ist ein großer Fan von Ostfriesland – auch dank guter ostfriesischer Freunde. Sie studierte Journalistik und Musikwissenschaft, wurde Redakteurin und arbeitet heute als freie Journalistin und Autorin.

Insa Lienemann führt neben ihrer Arbeit als Autorin vor allem ein erfolgreiches Familienunternehmen: Mit ihrem Mann und ihren drei Kindern wohnt die gebürtige Ostfriesin (1977) nach einigen Jahren in Hamburg heute wieder im Herzen Ostfrieslands.

Weitere Informationen, auch zu E-Book-Ausgaben, finden Sie bei www.fischerverlage.de

Katharina Jakob
Insa Lienemann

OSTFRIESLAND
für die Hosentasche

Was Reiseführer verschweigen
Mit einem Vorwort von Klaus-Peter Wolf

FISCHER TaschenBibliothek

Erschienen bei FISCHER Taschenbuch
Frankfurt am Main, April 2015

© S. Fischer Verlag GmbH, Frankfurt am Main 2015
Covergestaltung: Geviert – Büro für
Kommunikationsdesign, München
Coverabbildung: Shutterstock
Satz: Pinkuin Satz und Datentechnik, Berlin
Druck und Bindung: Kösel, Altusried-Krugzell
Printed in Germany
ISBN 978-3-596-52074-9

Inhalt

- 7 Vorwort von Klaus-Peter Wolf
- 11 Munter!
- 13 Gesellschaft
- 37 Sprache
- 57 Kultur
- 125 Geschichte
- 161 Wirtschaft
- 215 Natur
- 257 Sport
- 273 Kulinarisches
- 293 Das ist ungewöhnlich – selbst für Ostfriesland
- 297 Quellen und Links
- 303 Danke!

Vorwort von Klaus-Peter Wolf

Ostfriesland ist Krimiland. Fast nirgendwo sonst auf der Welt gibt es prozentual zur Bevölkerung so viele Kriminalschriftsteller wie in Ostfriesland. Und einige von ihnen sind wirklich gut. Um wenigstens ein paar zu nennen: Christiane Franke, Regine Kölpin, Manfred C. Schmidt und Peter Gerdes.

Der Krimi made in Deutschland trat von hier aus seinen Siegeszug an. Hansjörg Martin schrieb 1965 auf Norderney seinen Krimi ›Gefährliche Neugier‹, der vom »Stern« vorabgedruckt wurde und ihn auf Anhieb berühmt machte. Sein zweiter Kriminalroman ›Kein Schnaps für Tamara‹ wurde in Norden verfilmt, und noch heute gibt es legendäre Aufführungen im Kino.

Alle zwei Jahre im November finden die *Ostfriesischen Krimitage* statt. Kriminalschriftsteller kommen aus dem ganzen Land an die Küste und lesen an ungewöhnlichen Orten, z. B. in der Museumseisenbahn auf der Fahrt von Norden über Hage nach Dornum. Nie sah ich einen Schaffner mit mehr Leidenschaft Fahrkarten abknipsen als dort.

Krimilesungen gibt es auch in der Polizeiinspektion, im Gericht und natürlich auf Schiffen. Aber hier heißt es früh buchen! Veranstaltungen während der *Ostfriesischen Krimitage* sind rasch ausverkauft.

In den Ferien – wenn die Touristen die Insel mit dem Fahrrad entdecken – gibt es auf Langeoog immer wieder Lesungen von beliebten Kriminalschriftstellern.

Juist nennt sich *Krimi-Insel,* und Norden-Norddeich hat sich zur *Krimi-Küste* erklärt.

In Norden und Norddeich gibt es regelmäßige Stadtführungen zu den Schauplätzen meiner literarischen Verbrechen. Die kostenlose App *Ostfriesenkrimi-Guide* führt Leser zu den Kultstätten ostfriesischer Mordserien. In Leer darf man auf keinen Fall versäumen, die Krimibuchhandlung »Tatort Taraxacum« zu besuchen. Hier gibt es regelmäßig Lesungen, und der Koch im Restaurant ist kriminell gut.

Warum ist ausgerechnet Ostfriesland Schauplatz vieler literarischer Verbrechen? Warum zieht die Region Krimiautoren an?

Vielleicht hat das alles etwas mit der Geschichte Ostfrieslands zu tun. Hier gibt es den Wechsel der Gezeiten, und die Küste ist für viele ein mystischer Ort. Der Deich zieht eine klare Trennungslinie. *Hier bist du in Sicherheit. Dahinter wartet das Abenteuer, möglicherweise aber auch der Tod auf dich.*

Viele Ostfriesen waren früher Strandräuber. Nicht, dass sie kriminell waren, nein, das nicht. Es waren arme Fischer und Kleinbauern, die sich herrenlose Dinge aneigneten, die die Wellen an den Strand spülten. Dieses Strandgut sicherte vielen die Existenz. Wenn irgendwo ein Schiff unterging, kam bei einigen Freude auf, und wo die Männer selbst zur See fuhren, wussten sie, dass bald herrenlose Kisten angespült werden.

Das Strandrecht sah vor, dass, wenn die Besatzung umgekommen war, alles, was die Wellen anspülten, dem Strandgänger gehörte. Das führte in einigen Regionen leider dazu, dass falsche Leuchtfeuer gelegt wurden, um Schiffe in Seenot zu bringen. Die Mannschaft wurde dann nicht gerettet, sondern musste ersaufen, damit die Aneignung der Waren rechtens wurde.

1860, nach schweren Schiffsunglücken an der Nordseeküste, wurde in Emden ein Verein zur Rettung Schiffbrüchiger gegründet, aus dem die Deutsche Gesellschaft zur Rettung Schiffbrüchiger (DGzRS) hervorging. Heute sind sechzig Rettungseinheiten im Einsatz. Die Rettungsflotte zählt zu den leistungsfähigsten der Welt. Der Verein feiert gerade sein hundertfünfzigstes Jubiläum.

Die Nachfahren der Strandräuber sind ehrenamtliche Helfer geworden. Doch noch immer lieben sie Geschichten, die von Recht und Unrecht handeln – eben Kriminalromane.

Geradezu ein Mekka für Ostfriesenkrimi-Fans auf

literarischer Spurensuche ist das Café ten Cate, wo der (fiktive) Chef der ostfriesischen Polizei, Ubbo Heide, seine berühmten Marzipan-Seehunde kauft, die ihm helfen, wenn bei komplizierten Fällen seine Magensäure zu blubbern beginnt. Und hier steht tatsächlich Monika Tapper, die Freundin der Kommissarin Ann Kathrin Klaasen, hinter der Ladentheke. Und auch den Konditor Jörg Tapper gibt es wirklich. Hier im Café sitzen manchmal Autoren und schreiben (ich selbst auch sehr gerne). Und natürlich spielt das Café ten Cate in meinen Krimis eine wichtige Rolle.

Direkt um die Ecke, knapp hundert Schritte weiter, liegt das Stadthotel Smutje.

Welcher Krimifan will nicht mal dort Deichlamm gegessen haben, wo Ann Kathrin Klaasen, die Galionsfigur der ostfriesischen Polizei, und ihr Mann, Kommissar Frank Weller, ein- und ausgehen? Am besten genießt man hier einen Ostfriesentee, der natürlich in einer edlen Porzellantasse auf einem Unterteller mit Kluntje und Sahne serviert wird. Dazu Krintstuut, Weißbrot mit Rosinen und Butter darauf.

Warum man den Tee ausschließlich in edlem Geschirr bekommt? Nun, alles andere würde gegen die Religion der Ostfriesen verstoßen. Tee ohne feines Porzellan? Das wäre nun wirklich ein Verbrechen.

Klaus-Peter Wolf

Munter!*

Das Land der Ostfriesen ist flach und karg. Glaubt man. Und der ostfriesische Menschenschlag ist wortkarg, verschroben und einfältig. Das gehört zum Grundwissen jedes *Utwärtigen* (Fremden) – und ist ein echter Ostfriesenwitz.

Denn abseits der bekannten Pfade ist das Küstenland enorm vielfältig und manchmal geradezu verwunschen. Und was seine wortkargen Bewohner betrifft: Sie befinden sich überaus oft in Feierlaune, fallen gern bei ihren Nachbarn ein und nötigen sie zu einer Party. Verschroben? Nein, bloß unbeugsam in ihrem Freigeist, an dem sich die Obrigkeit stets die Zähne ausgebissen hat. Einfältig? Ist nur der Besucher, der nicht mitbekommt, wie erbarmungslos ihn ein Ostfriese verschaukelt.

Wenn Sie das Land der Ostfriesen besuchen, machen Sie es seinen Bewohnern nach: Verlieren Sie keine unnötigen Worte. Nehmen Sie sich Zeit, und schauen Sie genau hin. Sie werden mehr entdecken, als Sie ahnen.

Katharina Jakob und Insa Lienemann

* ostfriesischer Gruß

Bittje scheef hett Gott leev.

(Ein bisschen schief hat Gott lieb.
Oder: Nobody is perfect.)

Gesellschaft

Früher war alles besser?

Nicht in Ostfriesland. Derzeit erlebt die Region einen Aufschwung, im einstigen Armenhaus der Republik sind Arbeitsplätze keine Mangelware mehr. Man muss also nicht auswandern wie anno 1847, um anderswo sein Glück zu machen. Trotzdem bleibt der Ostfriese bei diesen Aussichten gelassen, denn er kennt so ein Auf und Ab gut. In seiner Heimat war das nie anders. Einst bitterarme Warftenbewohner mauserten sich zu wohlhabenden Bauern, die ihren Reichtum im Lauf der Jahrhunderte wieder einbüßten. Frisch eingedeichtes Land holte sich die See zurück, und alles begann wieder von vorn. Ostfriesen haben es gelernt, mit den Elementen und dem einzig Stetigen zu leben, das es auf der Welt gibt: der Veränderung.

Wer hierherkommt, kann sich also jede Menge Seelenruhe abschauen. Und dabei lernen, dass man manchmal nur ein Wort braucht, um einen ganzen Satz zu sagen. »Moin« etwa. Anderswo hieße das vielleicht: »Guten Morgen, ist das Wetter nicht toll heute? Haben Sie noch einen schönen Tag.« »Moin« bedeutet all dies. Es ist ein Gruß und verwandt mit »mooi«, dem Begriff für »gut« und »schön«. Deshalb sagt man »Moin« morgens, mittags, abends und nachts. Mehr braucht es nicht. Dennoch achtet der Ostfriese auf Nuancen. Wie Sie gleich noch sehen werden.

Wo sind Sie gerade? In Ostfriesland oder in Ost-Friesland?

Die Sache mit dem Bindestrich ist wichtig. Zumindest wichtig zu wissen, denn Ostfriesland und Ost-Friesland sind nicht identisch. Ostfriesland selbst ist das mehr als 3000 quadratkilometergroße Gebiet, das sich auf die Landkreise Aurich, Leer und Wittmund sowie die kreisfreie Stadt Emden beschränkt, hinzu kommen noch die Ostfriesischen Inseln. Das ist *Ostfriesland*. Ost-Friesland hingegen ist eine Erweiterung dieser Region um die Stadt Wilhelmshaven und den Landkreis Friesland. Manchmal zählen Touristiker bei der »Ferienregion Ostfriesland« auch noch Teile des Ammerlandes und des Emslandes hinzu. Die netteste Umschreibung des gesamten ost-friesischen Gebiets lautet »ostfriesische Halbinsel«. Diesen Begriff haben wir immer dann benutzt, wenn wir über Ostfrieslands Grenzen hinaus geschrieben haben.

Selbst sprachlich gibt es einen Unterschied: Ostfriesland hat seine Betonung auf der zweiten Silbe – Ost**fries**land –, während man **Ost**-Friesland auf der ersten Silbe betont.

Warum muss man das wissen?

Weil sowohl der Landkreis Friesland als auch die Stadt Wilhelmshaven zum Oldenburger Land gehören. Oldenburger und Ostfriesen verband eine über die Jahrhunderte gepflegte innige Abneigung. Auch die Emsländer und die Ostfriesen waren einander nicht eben grün. Und dass die Ammerländer den Ostfriesenwitz in die Welt gesetzt haben, ist ebenfalls eine Sache, die der Ostfriese im Sündenregister notiert hat. Kurz, mit den Nachbarn hüben und drüben machte man sich nicht so gern gemein.

In heutigen Tagen wird mit den Ressentiments von einst meist humorvoll umgegangen, es gibt längst Kooperationen zwischen den Regionen. Doch die sportlichen Wettkämpfe, etwa beim Boßeln, haben bis heute Derby-Charakter. Als Ostfriese gegen einen Oldenburger zu gewinnen, ist noch immer das Salz in der Suppe jedes Teilnehmers.

Wenn sich ein Gast nicht blamieren will, kennt er also die Sache mit dem Bindestrich und verkündet nicht lauthals, dass er »auch schon öfter im Urlaub in Ostfriesland war«, wenn er die Stadt Jever besucht hat. Denn die liegt – genau – im Oldenburgischen. (Übrigens: Jever wird mit Vogel-Vau ausgesprochen, also wie »Je-fer«.)

Ostfriesland in Kürze

Geographisches Gebiet: Ostfriesland liegt in Deutschlands äußerstem Nordwesten. Im Norden grenzt es an die Nordsee, im Westen an den Dollart und an die Niederlande. Zu Ostfriesland gehören die Landkreise Aurich, Leer und Wittmund sowie die kreisfreie Stadt Emden und die Ostfriesischen Inseln Borkum, Juist, Norderney, Baltrum, Langeoog und Spiekeroog. Wangerooge wird zwar auch zu den Ostfriesischen Inseln gezählt, gehört aber zum Oldenburger Land.

Fläche: rund 3000 Quadratkilometer (exakt: 3144,26 km^2)

Einwohner: rund 460 000. Ostfriesland ist eine dünn besiedelte Region (zum Vergleich: In Berlin leben etwa 3,4 Millionen Menschen auf knapp 892 Quadratkilometer Fläche).

Größte Stadt: Emden (Einwohnerzahl: 49 551, Stand 2013, Statistisches Bundesamt). Aurich wird dagegen als heimliche Hauptstadt Ostfrieslands bezeichnet, da es lange Zeit Verwaltungssitz der jeweiligen Obrigkeit war (Einwohnerzahl: 40 559). Leer ist einer der wichtigsten Reederei-Standorte Deutschlands (Einwohnerzahl: 33 892).

Wichtigste Branchen: Tourismus, Landwirtschaft (vor allem Milchwirtschaft), maritime Wirtschaft (Reedereien, Werften), Automobilbau und erneuerbare Energien (Windkraft)

Parteienlandschaft: Ostfriesland ist traditionelles SPD-Land (während das katholisch geprägte Emsland der CDU zugeneigt ist).

Landessprache: Ostfriesisches Platt (Variante des Niederdeutschen)

Religionszugehörigkeit: mehrheitlich protestantisch, in einigen Gemeinden evangelisch-reformiert. Die römisch-katholische Kirche befindet sich stark in der Minderheit (etwa sieben Prozent der Ostfriesen); in Emden steht die erste ostfriesische Moschee, die Eyüp-Sultan-Moschee; Juden gibt es nur noch wenige in Ostfriesland, sie gehören zur jüdischen Gemeinde in Oldenburg (derzeit 314 Mitglieder).

Fremde Herren: Die Ostfriesen waren jahrhundertelang ihre eigenen Herren. Doch irgendwann ging diese Ära zu Ende, und die Zeit der Fremdherrschaft begann:
1744: Carl Edzard, der letzte ostfriesische Cirksena-Fürst, stirbt kinderlos. Preußenkönig Friedrich der Große übernimmt die Herrschaft über Ostfriesland.
1807–13: Preußen unterliegt Napoleon, Ostfriesland fällt erst unter niederländische, dann unter französische Herrschaft, geht 1813 wieder an Preußen zurück.
1815: Preußen tritt Ostfriesland an das Königreich Hannover ab.
1866: Ostfriesland wird erneut preußisch.
1946: Nach dem Zweiten Weltkrieg gehört Ostfriesland zum Bundesland Niedersachsen.

Unverzichtbare ostfriesische Lektüre: der Ostfreesland-Kalender, auch »Kalender für Jedermann« genannt. Ihn gibt es seit 1914. Er ist ein Lese- und Nachschlagewerk zugleich. Außer Geschichten, Gedichten und historischen Beiträgen finden sich darin auch die Hochwasserzeiten, ein Trächtigkeitskalender und etwa 2000 Adressen aller möglichen Vereine und Behörden.

Ostfriesische Mentalität für Einsteiger

Das Wichtigste ist schnell gesagt: In Ostfriesland ist alles anders als im Rest der Republik, denn die Bewohner kochen in fast jeder Hinsicht ihr eigenes Süppchen. Sie trinken zehnmal mehr Tee als im übrigen Land. Sie geben ihren Kindern Namen, die man sonst nirgends hört, sie pflegen besondere Sportarten, haben einen eigenen Äquator und lassen sich von ihren persönlichen Heilkundigen behandeln – den legendären Knochenbrechern –, die sie oft lieber aufsuchen als Ärzte. Sie hatten früher eine ganz eigene Sprache, die inzwischen ausgestorben ist: das osterlauwerssche Friesisch. Nicht zu verwechseln mit dem Platt, das heute in der Region gesprochen wird und das ein Auswärtiger genauso wenig versteht. Ja, sie hatten bis 2013 sogar ein eigenes ostfriesisches Facebook namens Morphex, das aber inzwischen seinen Dienst eingestellt hat. Kurz: Die Ostfriesen sind ein sehr eigenes Volk.

Das hat historische Gründe, und die wiederum haben viel mit der abgelegenen Position der ostfriesischen Halbinsel zu tun. Sie drängt sich an den äußersten nordwestlichen Rand Deutschlands. In früheren Zeiten waren die Bewohner vollauf damit beschäftigt, ihren Platz auf dieser Scholle zu behaupten: Von der einen Seite rollte das Meer heran, das ihnen immer wieder das Land wegspülte, zur anderen Seite, zum Binnenland hin, lagen die Moore. Und die mussten erst mal trockengelegt werden, wollte man überhaupt Grund unter die Füße bekommen. Die Region war also alles andere als lieblich. Hier kam auch kein Fremder vorbei, um sich mal die Gegend anzusehen. All das formte den ostfriesischen Menschenschlag, wie Wasser Kieselsteine poliert. Nur dass der Ostfriese sich seine Kanten bewahrt hat.

Niemandem untertan

Weil er hart dafür gekämpft hat, dass sein Land auch Land bleibt, hat er wenig Sinn für Smalltalk. Dabei ist er durchaus gesellig: Zum Feiern muss ihn keiner überreden. Gern taucht er bei seinen Nachbarn auf, um sie zu einem Umtrunk zu bewegen. Mit Wind und Wetter kommt er bestens klar, Windmacher auf zwei Beinen sind ihm allerdings ein Gräuel. Wer sich vor einem Ostfriesen dicke machen will, wird alle Facetten ostfriesischer Geringschätzung zu spüren bekommen. Im besten Fall wird er zur Zielscheibe gnadenloser Hänseleien. Ein Gast ist also gut beraten, sich zurückhaltend und höflich zu benehmen.

Apropos: Es ist nicht höflich, einem Ostfriesen einen Ostfriesenwitz zu erzählen und zu erwarten, dass er herzlich mitlacht. Diese Menschen sind stolz. Sie haben zwar gelernt, gelassen mit der Plage der Landeswitze umzugehen, aber man sollte ihren Langmut nicht überstrapazieren. Mit freundlichem Understatement kann man es dagegen in Ostfriesland weit bringen. Und zwar ziemlich ungestört. Das ist ein großes Plus: Ostfriesen sind recht tolerante Leute. Wer anders leben will, wird in Ruhe gelassen, selbst auf den Dörfern. Soziale Kontrolle wie anderswo gibt es hier wenig. Das liegt vor allem an der tiefen, historischen und allumfassenden Liebe des Ostfriesen zur Freiheit.

Jahrhundertelang hat er allem getrotzt, was ihn regieren wollte, und seine eigenen Oberhäupter durchgesetzt. Der ehemalige Bundespräsident Christian Wulff, Ex-Landesvater von Niedersachsen und bekennender Ostfriesland-Fan, sprach immer wieder von der 800-jährigen Freiheitsgeschichte der Ostfriesen. Es war ihm während seiner Amtszeiten nicht entgangen, dass der politische Einfluss von Brüssel, Berlin oder Hannover auf das Küstenvolk auffallend gering ist. Doch diese Liebe zur Freiheit kann manchmal auch paradox sein: Ostfriesen wohnen nicht gern zur Miete, da wäre man ja abhängig von einem Vermieter. Sie haben lieber ein eigenes Haus, auch wenn das bedeutet, ein Leben lang im Joch des Kreditzahlers zu stecken.

Wie gewinnt man nun das ostfriesische Herz?

Indem man zum einen offen ist für die raue Schönheit des Landes, denn die Ostfriesen sind zutiefst heimatverbunden. Sie freuen sich, wenn der Gast nicht gleich zur Küste durchfährt, sondern auch Augen hat für den Rest der Region. Zum anderen, indem man sich niemandem aufdrängt oder zum Plaudern bewegen will, sondern diskret und gelassen bleibt. Und wer es dann noch hinkriegt, über Witze auf seine Kosten zu lachen, hat den Respekt seines ostfriesischen Gegenübers gewonnen. Wenn nicht sogar einen Freund.

Ostfriesen lieben ihr Land

Und sie haben alles, was ein freier Staat braucht: eine eigene Flagge, Wappen und eine Hymne. Folgerichtig spricht auch die Ostfriesische Botschaft (ja, die gibt es tatsächlich) vom *Freistaat Ostfriesland*.

Ein Land, zwei Wappen

Ostfriesland hat nicht nur ein Wappen, sondern gleich zwei. Das eine, das man häufiger sieht, wurde um 1625 von einem Abkömmling der ostfriesischen Grafenfamilie Cirksena geschaffen. Es stellt so etwas wie eine Collage aus den Wappen der wichtigsten ostfriesischen Häuptlingsfamilien dar. Ostfriesland war viele Jahrhunderte lang das Land freier Bauern, die sich ihre Vertreter selbst wählten. Aus den Familien dieser Volksvertreter entstanden später ostfriesische Häuptlingsdynastien, noch später Grafengeschlechter.

Neben den Symbolen trägt dieses Wappen die ostfriesischen Landesfarben Schwarz, Rot und Blau. Über all dem steht ein seltsamer Spruch: *Eala Frya Fresena*.

Das bedeutet so viel wie: Seid gegrüßt, freie Friesen! Oder auch: Erhebt euch, freie Friesen! Diese Worte stehen für die historische »Friesische Freiheit«, das verbriefte Recht des Küstenvolks früherer Zeiten, sein eigener Herr zu sein. Ostfrieslandgäste werden *Eala Frya Fresena* überall in der Region entdecken können, in Souvenirshops, auf Autoaufklebern, ja sogar auf Schildern an den beiden Autobahnen A28 und A31.

Warum aber zwei Wappen? Dem liegt kein Streit rivalisierender Herrscherhäuser zugrunde, sondern eine ostfriesische Besonderheit: die »Ostfriesische Landschaft«. Mit Geographie hat sie rein gar nichts zu tun. Die Ostfriesische Landschaft war eine Ständevertretung im Mittelalter und verfocht die Belange der ostfriesischen Bevölkerung (in Gestalt der Stände Ritter, Bürger und Bauern) gegenüber dem jeweiligen Landesherrn. Im Jahr 1678 wurde ihr ein eigenes Wappen vom römisch-deutschen Kaiser verliehen. Sie besaß neben den regierenden Fürsten umfangreiche politische Rechte, wurde quasi wie ein Souverän betrachtet. Das war in Deutschland einmalig: Hier stand eine Volksvertretung auf Augenhöhe mit dem regierenden Herrscherhaus.

Heute ist die Ostfriesische Landschaft ein Kulturparlament (in der Form einer Körperschaft des öffentlichen Rechts) und nimmt kulturelle, wissenschaftliche und bildungsbezogene Aufgaben wahr. Ihre Mitglieder werden von den Kommunalparlamenten der drei Landkreise Aurich, Wittmund und Leer sowie der Stadt Emden gewählt.

Das Wappen der Ostfriesischen Landschaft zeigt in seiner Mitte einen Baum auf rotem Grund, daneben einen Mann in Rüstung; ein Hinweis auf den Upstalsboom, den einstigen Treffpunkt der ostfriesischen Volksvertreter.

Flagge

Sie besteht aus drei Querbalken in den Landesfarben Schwarz, Rot und Blau. Auch diese gehen auf die wichtigsten Häuptlingsfamilien zurück: Schwarz für die Familie der Cirksena, Rot für die tom Brok und Blau für die Wappen der Harlingerländer.

Hymne

Die ostfriesische Hymne oder schlicht »das Ostfriesenlied« entstand aus Heimweh. Der Landesdichter Enno Wilhelm Hektor musste 1849 auswandern, weil er zu Hause kein Auskommen mehr fand. 1850 dichtete er in der Fremde ein Lied der Wehmut und nannte es »Sehnsucht nach der Heimat«. Die Melodie kennt jedes Kind, sie ist dieselbe wie die des Volkslieds »Weißt du, wie viel Sternlein stehen?«.

Insgesamt hat das Lied fünf Strophen. Aber schon nach der zweiten weiß man, dass der Dichter ein Paradies auf Erden verlassen hat.

In Oostfreesland is't am besten

In Oostfreesland is't am besten
over Freesland geit der nix!
War sünd woll de Wichter mojer,
war de Jungse woll so fix?

In Oostfreesland mag ik wesen,
anners nargens lever wesen,
over Freesland geit der nix.

Nargens bleiht de Saat so moje,
nargens is de Buur so riek,
nargens sünd de Kojen fetter,
nargens geiht de Ploog so liek,
nargens gifft't so feste Knaken,
weet man leckerder to maken
Botter, Kees' un Karmelkbree.

(Enno Hektor, 1850)

Für alle Nichtostfriesen die Übersetzung:

In Ostfriesland ist's am besten

In Ostfriesland ist's am besten
über Friesland, da geht nichts!
Wo sind wohl die Mädchen schöner,
wo die Jungen wohl so tüchtig?
In Ostfriesland mag ich sein,
nirgendwo anders lieber sein,
über Friesland, da geht nichts.

Nirgendwo blüht die Saat so schön,
nirgendwo ist der Bauer so reich,
nirgendwo sind die Kühe fetter,
nirgendwo geht der Pflug so gerade,

nirgendwo gibt's so feste Knochen,
weiß man leckerer zu machen
Butter, Käse und Buttermilchbrei.

Humor in Ostfriesland: Wer Spaß hat und wer nicht

Ostfriesen haben tatsächlich einen ganz speziellen Humor, der vor allem darin besteht, sich und andere auf den Arm zu nehmen. Recht anschaulich symbolisiert das die Brunnenfigur des Jan Schüpp in der Stadt Wittmund. Der kleine Arbeiter aus Bronze hält eine Schaufel (»Schüpp«) am Griff und steht zugleich mit einem Fuß auf dem Schaufelblatt, nimmt sich also buchstäblich selbst auf die Schippe. Jan Schüpp steht für eine typisch ostfriesische Lebenshaltung, und die heißt: Nimm dich nicht so wichtig.

Diese Einstellung hat wie der Eigensinn der Ostfriesen ebenfalls historische Gründe. Die Küstenregion war und ist ein stets von Stürmen heimgesuchtes Land, und oft genug ging es ums nackte Überleben. Brach der Deich, wurden ganze Dörfer überspült und Existenzen vernichtet. Da brauchte man rasch zupackende Nachbarn, die sich wortlos gegenseitig halfen. Was man nicht brauchte, waren Wichtigtuer und Maulhelden.

Das Wissen, wie schnell die Natur von Menschenhand Errichtetes zerstören kann, trägt jeder Ostfriese in seinen Genen, auch wenn es dem Nachwuchs heute kaum mehr bewusst ist. Dass gemeinsam der Deich gesichert werden musste, ist ja schon lange her. Doch ob bewusst oder nicht, aufgrund seiner turbulenten Vergangenheit neigt der Ostfriese zum Understatement – und zur Frotzelei, und beides zusammen ergibt einen sehr eigenen Sinn für Humor. Auswärtigen vergeht dabei manchmal das Lachen. Denn besonders die Insulaner lieben Scherze auf Kosten ihrer Touristen. Es ist ziemlich schwer, nicht auf die Sprüche eines Ostfriesen hereinzufallen, werden die in der Regel doch knochentrocken vorgetragen.

Einen Vorteil hat die Sache allerdings: Wer über sich selbst lachen kann, wird sich in Ostfriesland gut amüsieren.

Humor für Fortgeschrittene

Halten wir fest: Der Ostfriese mag keine Aufschneider. Trifft er welche, wird er kaum davon abzubringen sein, sie gründlich zu verladen. Denn darin hat er Routine, wird das Sprücheklopfen doch von früher Jugend an geübt. Ein Nichtostfriese kann hier unmöglich mithalten. Daher sind Gäste gut beraten, einfach nur mitzulachen und sich ansonsten diskret zu verhalten, wenn sie nicht zur Zielscheibe derber oder subtiler Zoten werden wollen. Dies gilt besonders in den klassischen Touristengebieten.

Etwa in Suurhusen, wo die Kirche mit dem allerschiefsten Turm der Welt steht (nein, eben nicht in Pisa). Dort haben es die beiden Kirchenführer Eilt Dirks und Tjabbo van Lessen zur Meisterschaft im landestypischen Humor gebracht. Sie versprechen, bei ihren Führungen »immer bei der Wahrheit zu bleiben«, und das ist sicherlich der Fall, solange es um die historischen Fakten geht. Alles andere ist definitiv ohne Gewähr. So wollte eine ältere Dame aus Bayern wissen, wo sich in diesem schlichten sakralen Bau denn der Beichtstuhl befände. Den brauche man hier nicht, sagte ihr Tjabbo van Lessen. Das konnte die Urlauberin aus Süddeutschland kaum fassen. Vollends aus dem Takt brachte sie allerdings die Begründung: »Weil wir im Norden ohne Sünde sind.«

Böskupp van Oostfreesland

Weitere Beispiele für ostfriesischen Humor finden sich auf der Internetseite der Ostfriesischen Botschaft (www.botschaft-ostfriesland.de). Sie nennt sich »Böskupp van Oostfreesland«, wobei Böskupp einfach Nachricht heißt. Eigentlich ist das eine Plattform für Landsleute, die es ins Ausland verschlagen hat, aber auch Ostfriesland-Fans sind hier gern gesehen. Interessierte können im umfangreichen Wörterbuch der plattdeutschen Sprache stöbern und sich mit ersten Informationen über »die friesischen Gebiete« versorgen. Dabei erfahren sie, dass viele Deutsche Schwierigkeiten haben, die Region überhaupt zu orten. Das müsse an der Bezeichnung des Landstrichs liegen, sinnieren die Betreiber der Seite. Denn schließlich heiße es »Ostfriesland«, liege aber im äußersten Westen der Republik. Da könne man schon mal ins Schleudern kommen.

Außerdem klärt die Botschaft über die Einreisebestimmungen nach Ostfriesland auf und beruhigt den besorgten Urlauber: Eine Visumspflicht besteht derzeit nicht.

Selbst Ostfriese werden

Wer sein Herz an das Küstenland verloren hat, kann sich hier auch einem Einbürgerungstest unterziehen und einen Ostfriesenausweis beantragen. Allerdings muss zuerst ein Fragebogen ausgefüllt werden, und der hat es in sich. Wer etwa nicht weiß, wo der Ostfriesentee wächst (Tipp: *nicht* bei Bünting* hinterm Hof), oder zugibt, schon einmal in Bayern gewesen zu sein, ohne dass er sich verfahren hat, muss damit rechnen, dass das Amt für Einbürgerung schreibt:

Ihr Einbürgerungswunsch wurde leider abgelehnt. Die Beantwortung unserer Fragen ließ bei Ihnen auf große Wissenslücken und ein nicht genügend ausgeprägt vorhandenes Interesse an Ostfriesland schließen.

* *Bünting ist das größte Teehandelshaus in Ostfriesland*

Die Sache mit dem Witz

Die Sache mit dem Witz muss man näher erklären, weil der nicht auf Ostfriesenmist gewachsen ist und folglich auch nicht für den Humor à la Waterkant stehen kann. Er ist vielmehr ein Produkt nachbarfeindlicher Gesinnung und soll tatsächlich auf einen einzigen Menschen zurückgehen.

Der klassische Ostfriesenwitz ist meist platt wie ein Hammrich (Wiesenfläche) und funktioniert nach einem simplen Schema: Auf eine absurde Frage folgt eine noch absurdere Antwort. »Wie viele Ostfriesen braucht man, um eine Glühbirne einzudrehen? 150. Einer hält die Birne, die anderen drehen das Haus.« Heute verzieht man bei so etwas keine Miene mehr. Doch zur Zeit ihrer Entstehung Ende der sechziger Jahre schwappten solche Sprüche wie eine Springflut übers Land und rissen die Leute mit sich. Und daran schuld sein soll: Borwin Bandelow, heute Professor für Psychiatrie in Göttingen. Der war 1968 Gymnasiast in der Kleinstadt Westerstede und schrieb für die Schülerzeitung eine satirische Kolumne. In der ging es um den »Homo ostfrisiensis«, den ungeliebten

Nachbarn. Denn Westerstede liegt im Ammerland, in Steinwurfnähe zur ostfriesischen Grenze. Und wie viele Nachbarn sind auch diese beiden Anrainer sich nicht grün. Bandelows Kolumne geriet in Umlauf, Ammerländer Studenten setzten noch einen drauf, und heraus kam eine Witzeserie über ostfriesische Einfaltspinsel, die keine Brezeln essen, weil sie die Knoten nicht aufbekommen.

Normalerweise verebben solche Wellen wieder. Nicht in diesem Fall. Hatte 1969 nur Westerstede über die »Ossi-Witze« gelacht, sorgte ein Jahr später Radio Bremen für ihre regionale Ausbreitung, der Norddeutsche Rundfunk spielte den Ball weiter, und plötzlich waren Ostfriesenwitze in aller Munde. Als »grassierende Seuche« bezeichnete sie 1971 das Tagesblatt »Wolfsburger Nachrichten«, und die Magazine »Stern« und »Spiegel« berichteten über die Norddeutschen als »die jüngsten Opfer des deutschen Humors«. Ossi-Witzebücher wurden unters Volk gebracht, sogar Schallplatten, auf denen ein Kalauer den nächsten jagte. Der Landstrich wurde berühmt, wovon wiederum der Tourismus profitierte – und landeseigene Komiker wie Otto Waalkes und Karl Dall. Und weil die Ostfriesen alles andere als beschränkt sind, haben sie die Witze – nach einer gewissen Phase der Eingewöhnung – als das genommen, was sie sind: ein wunderbares Mittel der Eigenvermarktung. So lobt die Tourismus GmbH von Ostfriesland auf ihrer Homepage, dass der kleine Landstrich sich seit der Witzewelle großer Bekanntheit erfreue.

Auf die Frage, ob seine Kolumne tatsächlich die Geburtsstätte des Ostfriesenwitzes gewesen sei, sagte Borwin Bandelow in einem Interview: »Ich weiß es selber nicht genau. Die Mitschüler haben darüber gelacht, so dass ich mehrere Folgen schreiben musste. Danach ist in der Schule eine kleine Witzewelle entstanden. Und später hat man gemeint, alles sei von da ausgegangen.«

Nicht alle sind platt: fünf etwas bessere Ostfriesenwitze

1. Ein Ostfriese blickt in seine Mülltonne. Darin befindet sich ein Spiegel. Er schreit: »In meiner Mülltonne sitzt einer!«, und ruft einen Polizisten herbei. Der Polizist macht den Deckel auf und sagt: »Tatsächlich – sogar ein Kollege von uns!«

2. Willm fällt zum zweiten Mal beim Jura-Examen durch. »Das konnte nicht gutgehen«, sagt er hinterher zu seinem Freund Hein, »derselbe Saal, dieselben Prüfer, dieselben Fragen.«

3. Zwei ostfriesische Studentinnen in einer WG wollen Tee zubereiten und kochen Wasser. Sagt die eine: »Der Tee ist fertig, ich habe aber noch so viel kochendes Wasser

übrig, was soll ich denn damit machen?« Antwortet die andere: »Ach, frier es doch ein, kochendes Wasser braucht man immer.«

4. Zwei Ostfriesen sitzen während einer Flutkatastrophe auf ihrem Hausdach. Sagt der eine: »Sieh mal, da schwimmt eine Mütze!« – »Da schwimmt keine Mütze! Das ist Harm Janssen, der mäht bei jedem Wetter.«

5. Wolkenbruch in Münkeboe – die Landstraße ist überflutet. Ein Kleinwagen hält an. Der Fahrer fragt einen Bauern, ob er denn da durchkäme. »Klar«, antwortete der Bauer. Das Auto rollt los und versinkt. »Sie haben doch behauptet, das Wasser sei nicht tief!«, brüllt der Autofahrer den Bauern an. »Komisch«, wundert sich der Bauer, »meinen Enten reichte es gerade mal bis zur Brust.«

Schluss mit lustig

Keine Regel ohne Ausnahme: Zwar muss man lange suchen, bis man auf ostfriesische Humorlosigkeit stößt, doch manchmal wird man tatsächlich fündig.

So stellte sich der souveräne Umgang mit der Ossi-Witzewelle erst im Lauf der Zeit ein, nicht alle Landsleute waren anfangs begeistert. Die ostfriesische Zeitung »Rheiderland« nannte die Witze »schmutzige Pöbeleien«, und selbst dem Berufshumoristen Otto gingen sie bisweilen auf die Nerven. »Ostfriesenwitze sind leider nicht totzukriegen«, sagte er einmal in einem Interview. »Jedenfalls nicht, solange es noch Leute gibt, die sich gern auf Kosten vermeintlich Unterlegener amüsieren.«

Doch am meisten Unmut zeigte im Jahr 2011 ein Butenfriese* aus Osnabrück. Der hörte allmorgendlich Radio, und was ihm da zu Ohren kam, erboste ihn täglich mehr. Der Radiosender FFN gab als Morgenritual den einen oder anderen Ostfriesenwitz zum Besten und nahm in bewährter Manier die ostfriesischen Landsleute aufs Korn.

Eines Tages im April reichte es dem Hörer. Er wandte sich an die Polizei und erstattete Anzeige gegen den Sender wegen Diffamierung einer ethnischen Minderheit. Pretiosen wie: »Warum haben die Ostfriesen keine U-Boot-Flotte mehr? Ist am Tag der offenen Tür untergegangen«, erfüllten nach Ansicht des ostfriesischen Sauertopfs den Tatbestand der Volksverhetzung. Doch die Sache ging glimpflich aus. Nach Rücksprache mit seinem Anwalt nahm der Hörer die Anzeige zurück. Und bat sogar um Entschuldigung.

Diese Größe hat das »Ostfriesland-Journal« nicht aufbringen können. In einem Beitrag schimpfte die Zeitschrift gegen das Ostfriesenabitur, eine von der Stadt Wittmund ins Leben gerufene Touristenbelustigung. Dabei werden Auswärtige zum Jux in ostfriesische Sitten und Gebräuche eingeführt, was in der Regel feuchtfröhlich endet. Dass Landesfremde im Strauchbesenwerfen und Straßenboßeln unterrichtet würden, nannte der Autor des Beitrags eine »Herabwürdigung kulturgeschichtlich bedeutsamer Alltagspraktiken einer Region«. Diese würden nun »als Fragmente der Belustigung verkauft«.

*Butenfriesen sind Exilostfriesen, die außerhalb der Heimat leben (müssen).

1250

- Jahr der Fertigstellung der größten mittelalterlichen Kirche Ostfrieslands, der Ludgeri-Kirche in Norden. 1250 wurde das Langhaus im romanischen Stil nach 17 Jahren Bauzeit vollendet.

- Preis einer 0,35-Liter-Flasche »Ostfriesischer Moorgeist« (56 %) in Cent (12,50 Euro)

- Summe in Euro, die der Pastor Burkhard Westphal aus Collinghorst im Jahr 2010 am Ende seiner Messe an die Kirchenbesucher verschenkte – in 250 Fünfeuroscheinen. Zu seiner Aktion sagte der Pastor im Interview mit der Süddeutschen Zeitung: »Wir geben jetzt 1250 Euro her und sind mal richtig im Geschäft – im Gespräch, meine ich. Und die Menschen werden ein Leben lang daran denken.«

De to't hangen geboren is, versuppt neet.

(Wer zum Hängen geboren wurde, ersäuft nicht.)

Sprache

Ostfriesische Vornamen – von Anfang an anders

Sie haben noch kaum einen Atemzug getan und sind schon etwas Besonderes: Viele ostfriesische Kinder tragen einen Vornamen, den man im übrigen Deutschland noch nie gehört hat.

Kea, Ubbo, Haat und Ratje: Die Ursprünge dieser Namen liegen in den niederdeutschen, friesischen und niederländischen Sprachräumen. Auch Heiligennamen finden sich darunter. Unbekümmerte Ostfriesenzungen haben die Zutaten im Lauf der Jahrhunderte neu geformt und kombiniert, bis eine sehr eigene Mischung dabei herauskam, die sich so kein zweites Mal finden ließ. *Heel wat besünners*, wie der Ostfriese sagen würde (»eben was Besonderes«).

Dabei war es für die Landsleute Nebensache, ob aus dem Namen gleich ersichtlich wurde, welches Geschlecht sein Träger hatte. Möglicherweise verließ man sich da lieber auf seine Augen. Jedenfalls sind viele Vornamen gegengeschlechtlichen Ursprungs. Das heißt, weibliche wurden aus männlichen abgeleitet und umgekehrt. Für Fremde ist das hochgradig verwirrend.

Was für ein Geschlecht hat denn nun ein Baby, das einem stolz gezeigt wird und Hientje heißt?

Das -tje ist eine norddeutsche Verkleinerungsform, das wissen auch viele Nichtostfriesen. Hien könnte sich auf Hein zurückführen lassen, und schon fühlt man sich der Lösung nahe und sagt zu dem Baby, es sei ein hübscher Bub. Doch das ist leider verkehrt: Es sind die Mädchen, die Hientje heißen. Bei den Jungs ist es ähnlich verzwickt: Dorjes und Jelde mögen zarte Namen sein, doch sie gehören zu Männern.

In früheren Zeiten war es für Fremde vermutlich noch um einiges konfuser. Kamen sie in ein Dorf, konnten sie auf Jarst, Tütter, Reinst und Tomker treffen: Allesamt ostfriesische Mädchen, deren Namen heute fast vergessen sind – gäbe es da nicht Namensforscher aus Leidenschaft wie Manno Peters Tammena. Der ostfriesische Landsmann aus Nortmoor hat jahrzehntelang die Vornamen seiner Region gesammelt und kommt nun auf mehr als 45 000, inklusive aller Variationen.

Manche davon wie etwa Eike haben nicht nur eine unklare geschlechtliche Zuordnung, sie können auch Männern und Frauen gleichermaßen gegeben werden. Womit der Ostfriese spielend klarkommt, missfällt der Bürokratie jedoch mitunter so sehr, dass sie Übersichtlichkeit verordnet, selbst wenn das gesetzlich gar nicht nottut. So schreibt eine Dienstanweisung für Standesbeamte vor (§ 262):

»Lässt ein Vorname Zweifel über das Geschlecht des Kindes aufkommen, so ist zu verlangen, dass dem Kinde ein weiterer, den Zweifel ausschließender Vorname beigelegt wird.«

Was wie eine gesetzliche Bestimmung daherkommt, ist jedoch keine. Das Bundesverfassungsgericht hat 2008 in einer Entscheidung klargestellt, dass die Eltern in ihrer Namensfindung grundsätzlich frei sind. So dürfen die Eikes sowohl männlich als auch weiblich sein. Und damit hätte sich der Ostfriese mit seiner Sicht auf die Dinge wieder einmal durchgesetzt.

Was ihn aber keinesfalls dazu bringen wird, seine Tochter Windsbraut zu nennen. Diesen Namen dürfte er seinem weiblichen Abkömmling tatsächlich geben, er ist seit 1985 eintragungsfähig.

Ostfriesische Familiennamen: Warum einfach, wenns auch querbeet geht?

Neben seiner Sammelleidenschaft widmet sich der Namensexperte Manno Peters Tammena auch der Erforschung der sogenannten patronymischen Namensgebung: Das war lange Zeit die traditionelle ostfriesische Regel, wie Namen innerhalb einer Familie auf ihre Mitglieder verteilt wurden. Früher durfte kein Vorname verloren gehen, der in einer Familie bereits vorkam. Das sah dann so aus, dass die beiden ältesten Söhne nach ihren Großvätern benannt wurden, die Töchter nach ihren Großmüttern. Waren dann noch Kinder vorhanden, erhielten sie die Namen der Eltern oder die anderer Verwandten.

Da sowohl Kindersterblichkeit als auch Kindersegen in alten Zeiten hoch waren, ergaben sich daraus manchmal merkwürdige Konstellationen. So wurde ein Name oft erneut verteilt, wenn ein Kind zu Tode kam, und starb dieses Neugeborene ebenfalls, dann halt noch ein drittes Mal. Bei Familienzwistigkeiten kam es hingegen vor, dass ein Name, der nach der Regel hätte dran sein müssen, geflissentlich übergangen wurde.

War schon die Vornamensgebung bei den alten Ostfriesen speziell, wurde es nach hinten hin völlig unübersichtlich. Denn Familiennamen galten in der Region lange Zeit als verzichtbar. Als Abstammungsnachweis reichte es aus, wenn man hinter seinem Vornamen noch den des Vaters führte. Hieß jemand etwa Willm Martens, dann war der einfach ein Junge namens Willm, dessen Vater Marten hieß: Er war eben »Martens seiner«. Auf diese Weise erklären sich die typischen ostfriesischen Familiennamen wie Eilerts, Dirks, Hinrichs und Harms.

Im Rheiderland trieb man die Sache noch ein wenig weiter: Da durfte auch der Großvater seinen

Teil zum Enkelnamen beitragen. Man musste zur Unterscheidung nur die Silbe -sen an dessen Namen anhängen, was so viel bedeutet wie »Sohn von ...«. So wurde ein Junge namens Tjark Reimers (sprich Tjark, der Sohn von Reimer) zu einem Tjark Hinrichsen Reimers, also zu einem Tjark, der von Reimer abstammt, dessen Vater Hinrich hieß. Für einen Ostfriesen ist das alles sonnenklar.

Zwischennamen – eine ostfriesische Sonderregelung

Deshalb ist es ihm auch gelungen, in Namensdingen bis zum heutigen Tag eine Extrawurst zu braten: Er darf einen Familiennamen als zweiten Vornamen führen, als sogenannten Zwischennamen. Wie etwa Manno *Peters* Tammena. Fragt man den Namensforscher, warum der Ostfriese darf, was dem Rest der Republik untersagt bleibt, erhält man folgende Antwort:

»Die Ostfriesen dürfen auch heute noch das Patronymikon (Zwischenname) führen, weil in einem Erlass des Innenministers vom 20. April 1950 u. a. Folgendes geschrieben steht: ... *ist auch ausdrücklich gesagt, dass Vornamen, die bisher gebräuchlich waren, sei es auch nur in seltenen Fällen, in bestimmten Gegenden oder Kreisen weiterhin zugelassen sind. Die in Ostfriesland seit altersher gebräuchlichen Zwischen-*

namen sind in ihrer Art und Entstehung nach nicht als Familiennamen im Sinne des § 172 DA anzusehen. Ihrer Eintragung in das Geburtenbuch steht daher nichts entgegen.«

Wieso heißt einer Affe?

Nur eine liebgewonnene ostfriesische Gewohnheit hat sich nicht in die heutige Zeit hinüberretten lassen: das Bäumchen-wechsle-dich-Spiel der Nachnamen, die für die Küstenbewohner bis ins 19. Jahrhundert einfach nichts Dauerhaftes waren. Zog einer um oder ergriff einen anderen Beruf, legte er sich gern einen neuen Namen zu, der ihm passender erschien. Auch das Gegenteil kam vor: Manche Ostfriesin fühlte sich fest mit ihrem Geburtsnamen verwurzelt und behielt ihn trotz einer Eheschließung. Starb sie, konnte es allerdings passieren, dass der Pastor ihre Wahl ignorierte und die Verstorbene wiederum unter dem Namen ihres Mannes ins Sterberegister eintrug.

So viel ostfriesischer Wildwuchs war der Obrigkeit mal mehr, mal weniger ein Dorn im Auge. Zur Zeit der napoleonischen Regentschaft sollte allerdings endgültig damit aufgeräumt werden. An einem Tag Mitte August des Jahres 1811 wurde festgesetzt, dass sich ab sofort alle Bewohner der Region einen richtigen Nachnamen zu geben hätten und diesen in Listen bei ihrem Bürgermeister eintragen sollten. Gesagt, verfügt. Allein, das Volk ließ sich kaum in den Registrierstuben blicken. Vereinzelt kam mal einer und schrieb sich als *Saathoff* ein und tat damit kund, dass er Grundbesitz hatte (*Hoff* steht für Hof). Ein anderer verlieh sich was Hübsches wie *Goldhoorn*. Der Lehrer wollte gelehrt wirken und wählte etwas Lateinisiertes wie *Risius* oder *Poppinga*. Und kurz vor Ende der Frist kam noch der Bäcker und trug sich, weil er eben der Bäcker war, als *Bakker* ein.

Aber das war's dann auch schon. Die Mehrheit blieb der Veranstaltung fern. Bald wurden die Ortsvorsteher nervös, mussten sie ihre Listen doch zum Fälligkeitstag den Machthabern übergeben, selbstredend vollständig. Aber was tun, wenn die Untertanen auf neue Bestimmungen pfiffen? Vor allem auf solche von Napoleons Gnaden? So mancher Bürgermeister griff zur Feder und dachte sich blumige oder farbige Familiennamen für seine Landsleute aus, um die Listen zu komplettieren. Da gab es dann eine Familie *Swart* und eine *de Witt*, es gab eine Sippschaft, die sich fortan auf dem Papier *Appel* nannte oder auch *Bloempott*, warum denn nicht? Und wo man gerade dabei war, der sture Janto hieß nun ab sofort *Aap* wie Affe. Er hätte ja kommen können.

Statt einer Namensliste: zwei Namensgedichte
oder: Worauf reimt sich Jabbe?

Frauennamen

Wibke, Wobke, Wübke,
Voske, Imke, Lübke,
Swantje, Fenke, Hauke,
Geelke, Tiede, Bauke,
Aaltje, Siefke, Petje,
Tjebbend, Lieske, Gretje.

Bilda, Wea, Wiemda, Kea,
Thea, Mina, Trüde, Sina.
Tjalda, Manna, Benna, Sanna.
Rewenda, Peta, Lümka, Beta.

Männernamen

Berend, Börjes, Himel,
Tönkes, Dorjes, Ihmel,
Oeke, Eike, Wielf,
Esdert, Gerjet, Stielf,
Unkel, Garbrand, Wiebrand,
Isebrand, Haat, Siebrand.

Evert, Ulfert, Eilert, Klaas,
Lüppe, Mehme, Onke, Staas,
Ontje, Theile, Harm, Tettrino,

Janto, Lübbert, Rickert, Krino,
Gesse, Reimer, Dieke, Meimert,
Eielt, Swittert, Swirt und Weinert.

Pupt und Koert,
Ulpt und Loert,
Jibbe, Jabbe,
Hibbe, Habbe,
Weiard, Focke,
Geike, Ocke,
Koob und Sweert,
Jann und Gerd.

(Verfasser unbekannt; aus dem Buch
›Jan un Greetje‹ von Theo Schuster)

Platt: Uncool? Weit gefehlt!

»Du Bauer«, hieß es, »sprichst ja Platt und stinkst nach Kuhmist!« Heute kann man sich solche Beleidigungen kaum mehr vorstellen, denn die plattdeutsche Sprache, das *Plattdüütsk*, erfährt seit einigen Jahren eine neue Wertschätzung. Doch vor nicht allzu langer Zeit, Ende der sechziger Jahre, galt es als peinlich. Wer Platt sprach, war als ungebildet verschrien. Dieses Stigma wollten Eltern ihren Kindern ersparen und sprachen mit ihnen konsequent Hochdeutsch. Das war die Sprache der Bildung, der Universitäten. Auch die Schulen waren an der Entwicklung nicht ganz unschuldig, baten sie die Eltern doch vielfach darum, zu Hause auf Plattdeutsch zu verzichten. Damals war man überzeugt davon, dass sich beide Sprachen gegenseitig behinderten. Wer Platt sprach, lernte Hochdeutsch vermeintlich schwerer als der, der nur einsprachig aufwuchs. Dabei ist sogar das Gegenteil der Fall.

Plattdeutsch ist Niederdeutsch, es ist nicht die eigentliche ostfriesische Sprache, die inzwischen bis auf eine Variation ausgestorben ist. Spätestens ab 1700 wurde auf der ostfriesischen Halbinsel, abgesehen von vereinzelten Nischen, nur noch Niederdeutsch gesprochen. Und um 1800 wussten selbst die Friesen nicht mehr, dass sie einmal etwas anderes gesprochen hatten als Platt.

Und nun kam ihnen ihre Muttersprache ein zweites Mal abhanden. Gottlob währte die Ablehnung des Niederdeutschen nicht allzu lange. Bereits Mitte der achtziger Jahre entstanden einige Initiativen, die die Rückkehr zum Platt forderten. Eben noch rechtzeitig, denn in einer Umfrage in Wittmunder Schulen wurde 1988 ermittelt, dass nur noch 13 Prozent der Kinder als plattdeutsche Muttersprachler aufwuchsen. Sechs Jahre später ergab eine weitere Umfrage, dass zumindest 60 Prozent Platt passiv gut beherrschten, sie verstanden es also, auch wenn sie es selbst nicht mehr sprechen konnten. Darauf ließ sich aufbauen. Und so bemühte sich vor allem die

Ostfriesische Landschaft zunächst in den Kindergärten darum, die Zweisprachigkeit wieder zu verankern. 1997 startete sie den Modellversuch »*Tweesprakigheid in d' Kinnergaarn*« (Zweisprachigkeit im Kindergarten), hatte sich das Gebot der Einsprachigkeit doch inzwischen als Irrtum herausgestellt. Mehr noch: Es war für die Entwicklung der Sprachfähigkeit sogar hinderlich. Das menschliche Gehirn ist darauf angelegt, mehrere Sprachen zu erlernen. Vor allem Kindern bis zu acht Jahren gelingt das mühelos. Man hatte überdies herausgefunden: Lernten sie frühzeitig mehrere Sprachen, taten sie sich mit dem Erwerb weiterer Fremdsprachen umso leichter. Wer Platt und Hochdeutsch in frühen Jahren lernte, hatte gegenüber einsprachig aufgewachsenen Kindern also einen Vorsprung. In den Folgejahren kamen die Grundschulen hinzu. Ab 2001 konnten erst einzelne Fächer auf Plattdeutsch unterrichtet werden, dann folgten die komplett bilingualen Schulen.

Platt unter Kulturschutz

In Aurich und in der Gemeinde Großheide wurden 2004 die ersten zweisprachigen Ortsschilder Ostfrieslands aufgestellt. Ab sofort hieß Aurich am Ortseingang nicht mehr nur Aurich, sondern auch plattdeutsch *Auerk*.

Zuvor im Jahr 1999 war das Niederdeutsche als

schützens- und erhaltenswerte Sprache in die Europäische Charta für Regional- oder Minderheitensprachen aufgenommen worden, was der Sache einen gewaltigen Schub verlieh. In den Ämtern wurden Plattdeutschbeauftragte benannt, die Bürgern und Unternehmen zur Seite stehen sollen, etwa um Anträge auch auf Plattdeutsch abzufassen oder Mitarbeiter zu unterstützen, die ihre Kenntnisse der Regionalsprache für ihre Firmen einsetzen wollen. Mittlerweile suchen zum Beispiel Handwerksbetriebe vermehrt Azubis, die Platt können, damit die Kunden auf dem Land sie besser verstehen. Platt öffnet die Herzen der Leute, man vertraut einander schneller. Und das ist in der Wirtschaft ein enormer Wettbewerbsvorteil.

Ackersnacker?

Zwar ist Platt in Ostfriesland noch nicht wieder in aller Munde, aber die Mühen, es vor dem Aussterben zu bewahren, zahlen sich aus. 2008 ermittelte die Ostfriesische Landschaft in einer Erhebung, dass von 6100 befragten Personen die Hälfte aktive Plattsprecher waren, während drei Viertel es zumindest verstanden.

Weil die Zeit nicht stehenbleibt, muss die Sprache sich anpassen und wachsen. So denken sich die Zuständigen im Büro der Ostfriesischen Landschaft immer wieder neue Begriffe aus, die es früher nicht gegeben hat. Was heißt wohl Handy auf Plattdeutsch? *Ackersnacker* ist die griffige Lösung, denn damit kann der Bauer vom Trecker aus telefonieren. Und für den Dieselkraftstoff E 10 wurde auch was Passendes gefunden: *Biojüch,* auf Hochdeutsch heißt das Biojauche.

Der Ostfriesen-Oscar

Und dann gibt es noch was ganz Spezielles, wir sind ja in Ostfriesland. Wer viel für das Plattdüütsk getan hat, kann sich Chancen auf den »Ostfriesen-Oscar« ausrechnen. Eigentlich heißt er Keerlke-Preis, aber bekannt geworden ist die kleine tönerne Figur eben als Ostfriesen-Oscar. »Personen oder Institutionen, die sich besondere Verdienste um den Erhalt und die Förderung der ostfriesischen Regionalsprache erworben haben«, werden seit 1993 vom Verein Oostfreeske Taal alljährlich im November ausgezeichnet. Der Preisträger des Jahres 2014 war der frühere Präsident der Ostfriesischen Landschaft, Helmut Collmann aus Flachsmeer.

Tipp: »Platt is cool« heißt eine Initiative, die 2011 einen Band-Wettbewerb ins Leben gerufen hat, den *Plattsounds.* Dabei geht es um moderne plattdeutsche Musik aus Niedersachsen, alle Genres sind erwünscht: Rock, Rap, Hip-Hop, Punk, Elektro, Reggae.

Mitmachen kann jede Kapelle, deren Mitglieder

zwischen 15 und 30 Jahre alt sind und die ihre Lieder auf Platt vortragen. Es gibt für nicht ganz Sattelfeste auch eine Übersetzungshilfe, man muss also Platt nicht lupenrein können, nur mögen! Mehr dazu unter www.plattsounds.de

Echt ostfriesisch: das Saterfriesische, das auch dank eines Afroamerikaners nicht sterben musste

Da waren sie baff, alle miteinander. Vor ihnen stand ein hochgewachsener Mann aus New Hampshire, erkennbar Afroamerikaner, und erzählte ihnen in schönstem fließenden Saterfriesisch, dass sie ihre Sprache vor dem Aussterben retten müssten. 1977 war das, in einem kleinen Vortragssaal des Heimatvereins Saterland, dem *Seelter Buund*. Marron Curtis Fort stand am Podium und formte vokalreiche Sätze, wie es auf dieser Welt nur noch etwa 2000 bis 2500 Menschen tun, denn das Saterfriesische ist die allerletzte urostfriesische Sprache, die es noch gibt. Er sprach perfekt, genau wie ein Saterländer, ohne den Hauch eines Akzents. »Die Leute hatten noch nie erlebt, dass ein Fremder jemals die Sprache gesprochen hat. Sie ist schwer erlernbar«, sagt der Sprachwissenschaftler, der seit 1988 deutscher Staatsbürger ist, heute in Leer lebt und Plattdeutsch ebenfalls perfekt beherrscht. Von 1986 bis zu seiner Pensionierung 2003 leitete er in Oldenburg die universitäre Arbeitsstelle Niederdeutsch und Saterfriesisch. Davor war er lange Jahre Germanistikprofessor an der Universität New Hampshire.

Von Boston nach Vechta

Wie aber kam es, dass ein Amerikaner von der US-Ostküste zum Kenner des Saterfriesischen wurde und mithalf, es vor dem Aussterben zu bewahren? Anfang der sechziger Jahre war Marron C. Fort, 1938 in Boston geboren, Germanistikstudent an der Universität von Pennsylvania. Als Austauschstudent kam er 1963 nach Freiburg im Breisgau und entschloss sich, seine Doktorarbeit über das Vechtaer Platt zu schreiben. »Ich habe während meiner Studienzeit festgestellt«, sagte er, »dass ich überhaupt keine Probleme mit deutschen Dialekten hatte. Ich konnte sie analysieren und auch einwandfrei aussprechen.« Auch heute werde er immer wieder gefragt, ob Plattdeutsch seine Muttersprache sei. Mit dieser ungewöhnlichen Begabung im Gepäck fuhr er 1963 um Weihnachten herum nach Vechta, wurde dort mit offenen Armen begrüßt und insgeheim belächelt: »Platt? Dat lernt der nie!«

Doch von Stund an saß der Student bienenfleißig bei alten Vechteranern in der Stube, hörte ihnen beim Plattsprechen zu und schrieb mit. Bald konnte er in der Landessprache antworten. Dass da ein junger Amerikaner gekommen war, der in Windeseile etwas so Kompliziertes wie das Vechtaer Platt beherrschte, sprach sich rasch herum. Bis zu einem Saterländer namens Hermann Janssen. Der hatte den Versuch unternommen, das Saterfriesische aufzuschreiben, das immer eine mündliche Sprache gewesen war und niemals irgendwo schriftlich festgehalten wurde. Das ging auch so lange gut, wie die Generationen sich in ihrer Sprache unterhielten. Aber auf das Saterfriesische wartete dasselbe Schicksal wie später auf das ostfriesische Platt: Es wurde in den Elternhäusern immer weniger gesprochen, weil man es für rückständig hielt. Auch einige Lehrer forderten die Eltern auf, mit den Kindern zu Hause nur noch Hochdeutsch zu sprechen und das Saterfriesische nicht mehr zu benutzen.

Eine Sprache, die in Ermangelung von Sprechern dabei ist zu verschwinden, kann nur am Leben bleiben, wenn man sie schriftlich festhält, wenn es Wörterbücher und eine Grammatik gibt und die Möglichkeit, ihre Aussprache erlernbar zu machen. Das tat Hermann Janssen, doch er wünschte sich einen Profi an seiner Seite.

Psalmen auf Saterfriesisch

Es sollte noch eine Weile dauern, bis Marron C. Fort sich des Saterfriesischen annahm. Aber dann widmete er ihm viele Jahre seines Lebens. Der Wissenschaftler schrieb ein Wörterbuch des Saterfriesischen, zwei Bände mit Volkserzählungen in dieser Sprache und eine saterfriesische Übersetzung des Neuen Testaments sowie der Psalmen. Inzwischen gibt es im Saterland wieder vier Kindergärten, in denen die Sprache gelehrt wird, und in den Schulen kann sie als Zusatzfach gewählt werden. Das Institut für Linguistik an der Universität Bremen entwickelte Lehrmaterialien und einen Sprachkurs.

Woher kommt das Saterfriesische?

Im Guinness-Buch der Rekorde steht das Saterland als die kleinste Sprachinsel Europas. Es ist eine selbständige Gemeinde mit den vier Ortschaften Scharrel, Strücklingen, Ramsloh und Sedelsberg. Sie gehören allesamt zum Landkreis Cloppenburg, liegen etwa 30 Kilometer östlich von Leer und somit außerhalb Ostfrieslands. Nichtsdestotrotz ist Saterfriesisch die letzte noch lebende urostfriesische Sprache, denn es waren Ostfriesen, die in die Nachbarregion einwanderten und ihre Sprache mitbrachten. Untergegangen sind dagegen andere ostfriesische Sprachen wie das Upganter Friesisch oder das Wangerooger Friesisch, das mit seinem letzten Sprecher 1950 in Varel starb.

Aufgrund seiner isolierten Lage hielt sich das Saterfriesische bis in die heutige Zeit. Jahrhundertelang war die Gemeinde von Mooren umgeben und fast nur mit Booten erreichbar, außer im Winter, wenn man über das Eis gehen konnte.

Und wie hört sich das an?

Die Sprache der Saterfriesen ist melodiös und vokalreich, es gibt 16 verschiedene Diphtonge – also zwei Vokale, die ineinander übergehen. Das Hochdeutsche hat nur vier: au, eu, ei und ui. Im Saterfriesischen kennt man dagegen noch ou, äu, äi oder eeu und einige andere mehr. So heißt zum Beispiel Bratensaft auf Saterfriesisch *Sküüi*. Die Gans heißt *Gäize*, Wasser ist *Woater,* und das Kinn wird zum *Keuuwe* oder *Kiuwe.*

Marron C. Fort hat in seinem Werk »Niederdeutsch und Friesisch zwischen Lauwerzee und Weser« ein paar Sprachbeispiele veröffentlicht, die den Unterschied zwischen dem Saterfriesischen, dem Hochdeutschen und dem Platt der Ostfriesen anschaulich machen.

Wenn es im Hochdeutschen heißt:

Ich habe mit ihm gesprochen, aber er hat mir gesagt, dass er mir den Schlüssel nicht geben könne,

würde ein Ostfriese auf Platt sagen:

Ik heb mit hum proot, man häi het mie segd, dat häi mie de Slötel näit geven kun.

Beim Saterfriesen hörte sich der Satz hingegen so an:

Iek häbe mäd him boald, man hie häd mie tou kweden, dät hie mie dän Koai nit reke kude.

Inzwischen ist Saterfriesisch in die Europäische Charta für Regional- oder Minderheitensprachen aufgenommen worden, genau wie das Platt der Ostfriesen.

1457

- Baujahr der ältesten ostfriesischen Orgel (in Rysum)
- Schlacht bei Fikensolt, als die ostfriesischen Häuptlinge gegen die oldenburgischen Grafen kämpften (und unterlagen)
- das Jahr, in dem die Warf Schönhörne im Wangerland entstand
- Gewicht in Tonnen des deutschen Binnenschiffs »Marino«, das im Jahr 2013 auf der Hunte unter einer Eisenbahnbrücke steckenblieb und sich nicht mehr aus eigener Kraft befreien konnte

Düvel sit up lüttje Stee.

(Der Teufel sitzt auf der kleinsten Stelle.
Bedeutet: Der Teufel steckt im Detail.)

Kultur

**Rituale, Feste und Brauchtum:
feiern, was das Jahr hergibt**

Ostfriesland ist ein kleiner Landstrich mit Menschen, die nicht viel Aufhebens von sich machen. Auf den ersten Blick wirken sie zugeknöpft. Aber das ist ein Trugschluss, denn Ostfriesen lieben das Feiern. Sie halten ihre Traditionen und ihr Brauchtum hoch und zelebrieren mit Hingabe die dazugehörigen Feste.

Manche Rituale sind in ganz Ostfriesland verbreitet, andere gibt es nur auf einzelnen Inseln.

Aber der Reihe nach. Und das ist ganz wörtlich gemeint, sind doch die meisten Feste an die Jahreszeiten angelehnt. Das ist zur Abwechslung bei den Ostfriesen mal genauso wie bei anderen Leuten auch.

Karbidschießen: Ostfrieslands dicke Berta

Gut, das Karbidschießen findet nicht überall statt, und auch nur unter hohen Sicherheitsauflagen. Zumindest die örtliche Feuerwehr muss anwesend sein. Schließlich wird bei diesem Brauch mit einer Art Sprengstoff hantiert und eine Milchkanne zur Kanone umgebaut. Nachdrücklicher kann man das alte Jahr nicht verabschieden, weshalb das Karbidschießen sogar in Ostfriesland immer mal wieder von den Behörden untersagt wird. In Holtland lässt man sich diesen Brauch allerdings nicht nehmen, hier ist man seit fast 20 Jahren bei der Sache. Was passiert da also?

Man trifft sich am 31. Dezember auf einem weitläufigen Acker und füllt eine Milchkanne mit Karbid und Wasser. Dann schließt man den Deckel und bringt sich außer Reichweite. Jetzt finden im Innern der Kanne chemische Prozesse statt, der geschlossene Deckel sorgt für den nötigen Druck. Dann nähert sich ein Mutiger mit dem Bunsenbrenner und hält die Flamme ans Metall. Wer nicht ganz so hartgesotten ist, wirft eine Fackel unter die Kanne. Und dann heißt es in Deckung gehen. Funktioniert alles nach Plan, fliegt gleich darauf mit einem mächtigen Kawumm der Milchkannendeckel über den Acker und jagt das alte Jahr davon.

Speckendicken und Neujahrslaufen: keine halben Sachen

Eines ist gewiss: Der Ostfriese hat keine Angst vor Kalorien, sonst gäbe es Speckendicken heutzutage nicht mehr. Denn da ist der Name Programm. Speckendicken sind Pfannkuchen, die man an Silvester isst und die mit allem angereichert sind, was Küche und Keller hergeben. In früheren Zeiten war dies eine der wenigen Gelegenheiten, zu denen sich die Knechte und Mägde sattessen konnten.

Der Speckendicken-Teig besteht aus Mehl und Eiern, dazu Mettwurst und reichlich Speck, Zucker, Milch, Sirup, Kardamom und Anis. Was sich wie eine wilde Mischung anhört, ist auch eine, aber sie ist ungemein lecker und bringt dicke, saftige Pfannkuchen hervor. Öffentlich serviert werden sie am Silvestertag in einigen ostfriesischen Mühlen, zumindest dort, wo ehrenamtliche Mühlenvereine die Tradition des Speckendicken-Essens wieder aufleben lassen. Man sollte allerdings frühzeitig reservieren. Meist sind die Mühlenrestaurants bis auf den letzten Platz besetzt.

Der erste Tag des neuen Jahres beginnt mit dem Neujahrslaufen: Vor allem in den Dörfern ist es guter Brauch, von Haus zu Haus zu spazieren und den Nachbarn ein glückliches neues Jahr zu wünschen. Und wenn man schon mal bei Tjade und Okka im Flur herumsteht, kann man auch gleich ein paar Löffelchen *Bohntjesopp* zu sich nehmen. Doch Vorsicht: Wo immer Ihnen dieses Getränk begegnet (es ist keine Suppe, sondern eine Art alkoholischer Brandbeschleuniger), halten Sie sich unbedingt zurück. Ein Auswärtiger ist ihm definitiv nicht gewachsen. Womit bewiesen wäre: Mit dem Fassen guter Neujahrsvorsätze hält sich der Ostfriese nicht auf.

Plattdüütsk – Hochdeutsch zum Jahreswechsel

Olljahrsdag: Silvester

Neeijahr: Neujahr

Proost Neeijahr: Prost Neujahr

Neeijahrskoken: Neujahrskuchen

Beck vull Schandaal: »Mund voller Lärm« (Neujahrsgebäck)

Dat olle Lesder: Waffeleisen zum Backen von Neujahrskuchen (»das alte Eisen«)

Fastnachtslaufen der Handwerker:
Teufelsgeiger an der Tür

Wer einen Ostfriesen fragt, wann Karneval ist, bekommt meist keine klare Antwort. Es sei denn, man befindet sich an der Küste. Dort wissen alle, die vom Tourismus leben, wann die Karnevalsflüchtlinge aus dem Rheinland anreisen, denn dann ist hier Hochsaison. Ansonsten wird es schwierig, Karneval findet in Ostfriesland kaum statt. Nur das friesische Varel macht eine Ausnahme, hier sind die Karnevalsfeiern fast so umtriebig wie in Mainz. Und dann gibt es noch eine dritte Variante: Im Harlingerland und auf Wangerooge kommen die Gesellen und Lehrlinge verschiedener Handwerkszünfte in aller Frühe zum sogenannten Fastnachtslaufen zusammen. Sie sind verkleidet als »Hauptmann«, »Schornsteinfeger« sowie »Eierweib« und ziehen lärmend von Tür zu Tür, um Bargeld zu verlangen. Dazu schlägt der Hauptmann die sogenannte Teufelsgeige – ein mannshoher Stab, an dem Schellen, Saiten oder Dosen befestigt sind –, das Eierweib sammelt das Geld ein, und wenn es keines gibt, fasst der Schornsteinfeger in seinen Beutel und beschmiert das Gesicht des Geizkragens mit Ruß. Auf diese Weise kommt ein ansehnliches Sümmchen zusammen, das die Handwerker abends mit ihren Meistern auf den Kopf hauen.

Gesetzter geht es am Faschingsdienstag beim *Bessensmieten* zu, dem traditionellen Besenwerfen. Das ist ein Straßenwettkampf, bei dem es darum geht, Reisigbündel ohne Stiel so weit wie möglich zu schleudern. Gewinner ist hier wie beim Boßeln die Mannschaft, die das Ziel mit der geringsten Wurfzahl erreicht.

Ostern: Wettkampf der bunten Eier

Viele Bräuche haben sich rund um die Ostertage entwickelt, einer davon ist weithin sichtbar: das *Paaskefüür*, wie das Osterfeuer auf Plattdeutsch heißt (*Paaske* geht auf das jüdische Passah-Fest zurück). In den Touristenzentren und auf den Inseln werden die

Feuer von der Gemeinde organisiert: auf Norderney etwa direkt am Strand, mit Blick auf Juist und den Sonnenuntergang.

Das Holz dafür wird oft schon ab Herbst gesammelt. Kurz vor dem Fest schichtet die Gemeinde daraus hohe Haufen, Jugendliche halten Wachen ab, damit niemand vor der Zeit Hand an den Stoß legt. Am Ostersamstag versammeln sich alle vor dem Reisighaufen, fast immer gibt es Getränke und Gegrilltes, manchmal auch Musik. Bei Einbruch der Dunkelheit heißt es dann: Feuer frei.

Während im übrigen Land am Ostersonntag Eier gesucht und verspeist werden, machen Ostfriesen etwas, das man eigentlich nicht tun soll: mit dem Essen spielen. Rund um die bunten Eier haben sich zahlreiche Familienspiele entwickelt, so etwa das *Eiertrüllern*, das *Eiersmieten* und das *Hicken-Bicken*. Beim Eiertrüllern geht es darum, Ostereier von einer Erhebung – einer Düne, dem Deich oder gleich von »Eierbergen« wie in Aurich – hinunterkullern zu lassen. Möglichst heil sollen sie unten ankommen und möglichst weit ausrollen. Damit das gelingt, baut man eine Rollbahn, die *Lünskebahn*. Wessen Ei am weitesten getrüllert ist, wird Sieger, vorausgesetzt, das Ei ist noch als solches erkennbar.

Eiersmieten ist schlichter, klassischer Eierweitwurf auf einer Wiese. Sollte es an Ostern regnen, spielt man Hicken-Bicken im Haus. Dazu werden die Eier mit den Spitzen gegeneinander gestoßen. Wer als Letzter noch ein unversehrtes Ei besitzt, hat gewonnen.

Ostfriesenspiele im Freien

Kaispööl: Wurfspiel auf Norderney, bei dem Münzen gegen Zielsteine geworfen werden, ohne dass man sie treffen darf; wer am nächsten dran ist, gewinnt.
Nötenscheten: Auch ein Wurfspiel, vor allem an Ostern; dabei wird versucht, mit Hilfe von Kugeln Walnüsse aus einem Kreis zu schießen.

Der Maibaum: Kampf um die Ehre

Maibäume in Norddeutschland? Ist das nicht was durch und durch Süddeutsches? Ostfriesland ist die Region der Ausnahmen, daher pflegt sie auch mit Hingabe ihre Maibaum-Tradition. Geschmückte Bäume ragen in vielen Dörfern und Siedlungen in den Himmel. Sie sind nicht mehr so zahlreich wie früher, als in wirklich jedem Ort einer stand. Das liegt daran, dass so ein Baum viel Arbeit macht. Die Dörfler, die das auf sich nehmen, treffen sich am 30. April, um ihr Exemplar mit Birkenreisig, Tannengrün und vielen bunten Papierblumen und Bändern zu schmücken. Dann wird das Ganze mit Hilfe von Seilen und einem Traktor hochgezogen, alle fassen mit an, bis das

Prachtstück schließlich mitten auf dem Platz steht. Der Wind lässt die Bänder flattern, die Sonne bringt das Birkenreisig zum Leuchten. So einen schönen hatten wir noch nie, sagen die Leute jedes Mal und klatschen sich gegenseitig auf die Schultern. Es gibt Bier und Gelächter, man prostet sich zu. Und dann kommt die Dunkelheit und mit ihr der Stress.

Denn von Sonnenuntergang bis Sonnenaufgang am Maifeiertag ist der Baum praktisch vogelfrei. Jeder kann ihn stehlen. Dazu genügt es, wenn man drei Spatenstiche um ihn herum graben und einmal die Hand gegen seinen Stamm legen kann. Wem das gelingt, der hat den Maibaum erfolgreich gestohlen und die Maibaumgesellschaft blamiert, die nicht imstande war, auf ihn aufzupassen. Früher ging es um die Ehre, heute sehen die Ostfriesen das eher sportlich. Um ihren Maibaum zu bewachen, stellen die Dörfler Wachen auf. Die müssen Disziplin im Leib haben, denn die Nacht ist lang, das Bier fließt in Strömen, und wenn dann die Schläfrigkeit heraneilt, haben Diebe leichtes Spiel.

Wer auf den Inseln wohnt, muss nicht nur zu Land wachsam sein, sondern auch zu Wasser, denn oft rauschen im Morgengrauen Boote mit zu allem entschlossenen Burschen heran. Ist aber alles gutgegangen, dann tanzt anderntags ein glückliches Dorf um seinen Maibaum, der alle anderen an Schönheit überstrahlt. Der Sommer kann kommen.

Brautpfadlegen in Aurich

Es war einmal eine schöne Tochter aus dem ostfriesischen Grafengeschlecht der Cirksena. Sie hatte einen Liebsten und wollte sich mit ihm am Himmelfahrtstag vermählen. Als der Tag kam, schwamm ganz Aurich in Blumen. Voller Vorfreude stieg die Braut auf den Turm ihres Hauses und hielt nach ihrem Bräutigam Ausschau. Bald erkannte sie in der Ferne Reiter. Das musste das Gefolge ihres Liebsten sein. Sie ließ ein rotes Tuch flattern, um ihn willkommen zu heißen. Ein Reiter löste sich aus dem Tross – es war der Bräutigam – und sprengte direkt auf den Turm zu. Allein, ohne schützendes Gefolge. Plötzlich fielen Schüsse. Ein Nebenbuhler, der die Grafentochter für sich begehrte, tötete den Edlen vor den Augen seiner Braut. Sie fiel in Ohnmacht und starb wenige Tage darauf. Und all die Blumen, die für die Hochzeit ausgestreut worden waren, säumten nun den Trauerzug des unglückseligen Paares.

Diese Legende hat Generationen von Kindern in Aurich und Umgebung dazu gebracht, den *Bruudpadd* zu legen, also den Brautpfad. Einen Tag vor Himmelfahrt pflücken sie Butterblumen, Veilchen oder Gartenblumen und legen sie in kunstvollen Bildern entlang der Wege aus. Anker, Herzen, Schiffe, ja ganze Landschaften werden da mit Blumen komponiert. Diese Tradition ist etwas in Vergessenheit geraten, wird aber derzeit wiederentdeckt: Einige Ortsräte oder Kulturvereine rufen die Grundschüler extra dazu auf, den Brautpfad zu legen. Dabei können höchst künstlerische Motive zustande kommen, die eine Jury begutachtet und prämiert.

Sommerfeste und Galli-Markt

Im Sommer ist für Feierlustige Hauptsaison, dauernd geht es irgendwo rund. Zu den Großereignissen zählt dabei der *Ossiloop*. Dagegen ist die Mühlenwette in Neustadtgödens ein eher kleines Ereignis, das am Pfingstmontag stattfindet und bei dem zwei Mannschaften darauf wetten, ob die alte Mühle noch zehn Umdrehungen mit ihren Flügeln schafft. Groß gefeiert wird dann wieder beim Schützenfest in Esens. Es findet im Juli statt und kann auf eine fast 440-jährige Tradition zurückblicken. Insgesamt dauert es fünf Tage, bietet gleich zwei Festumzüge und endet mit einem Feuerwerk. Und dann kommen noch die vielen Spargel-, Blüten- und Kartoffelfeste in zig Städten und Dörfern, gefolgt von den Erntedankfeiern zum Ausklang des Sommers. Wer da halbwegs mithalten will, braucht danach eine Schlafkur.

Das größte ostfriesische Volksfest allerdings findet erst statt, wenn der Sommer die Bühne bereits wieder verlassen hat. Es ist der Galli-Markt in Leer. Auch dies ist eine fünftägige Feier wie das Esener

Schützenfest und sogar noch älter. Im Jahr 1508 wurde der Stadt Leer das Marktrecht verliehen und ein Viehmarkt ins Leben gerufen, aus dem sich das heutige Fest entwickelt hat. Sein Namenspatron ist ein irischer Missionar, der Heilige Gallus. Er starb am 16. Oktober. Sein Todestag bildete früher den Auftakt des Festes, denn an diesem Tag hatten die Bauern endlich mal frei: Ernte und Vieh waren spätestens jetzt sicher in Scheune und Stall untergebracht.

Heutzutage beginnt das Fest am zweiten Mittwoch im Oktober. Es geht damit los, dass das Vieh zum Markt getrieben wird, denn der Viehhandel ist noch immer ein traditioneller Bestandteil des Galli-Markts. Am folgenden Tag rufen drei Herolde zusammen mit dem Bürgermeister die Eröffnung der Feierlichkeiten aus. Der Bürgermeister spricht Platt, die Herolde skandieren:

Radeau, radeau, raditjes doe,
de Stadt, de hört de König toe
(die Stadt, die hört dem König zu)

Danach heißt es Bahn frei für Ostfrieslands Riesenparty, zu der alljährlich etwa 500 000 Besucher strömen. Doch statt wie früher um Gans und Gössel kreisen die Leute nun in zahlreichen Karussells um ihre eigene Achse.

Martini

Die ostfriesische Antwort auf Halloween findet erst am 10. November statt, dem Geburtstag des Reformators Martin Luther. Es ist eine Mischung aus Laternenlaufen und Beutezug. Wenn die Dunkelheit hereinbricht, wandern maskierte und verkleidete kleine Ostfriesen von Tür zu Tür, tragen Gedichte vor oder singen auf Platt von den *Kipkapkögels*. Das waren in früheren Zeiten hohlgeschnitzte Runkelrüben, in die man ein Licht stellte, um eine Laterne zur Hand zu haben. Für diese Darbietungen gibt es Süßigkeiten von den gerührten Hausbewohnern. Der manchmal auch »friesischer Karneval« genannte Kinderumzug hat allerdings einen bitteren Hintergrund. Der 10. November war nicht nur Martin Luthers Geburtstag, sondern in früheren Zeiten auch der Tag, an dem die Knechte und Mägde ihre Bauernhöfe verlassen mussten, weil es über den Winter dort keine Arbeit mehr für sie gab. Um irgendwie über die Runden zu kommen, schickten sie ihre Kinder von Tür zu Tür, damit sie bei den wohlhabenden Bürgern Lebensmittel erbettelten.

Aber auch in Ostfriesland ist Halloween auf dem Vormarsch. »Süßes oder Saures!« ist eben konkurrenzlos kurz im Vergleich zu den langen Martini-Liedern. Doch selbst das amerikanische Halloween wird noch ostfriesisch abgewandelt: Zu später Stunde ziehen die Erwachsenen los, bis zur Unkenntlichkeit vermummt und verkleidet, so dass die Nachbarn raten müssen, wer da ins Haus eingelassen werden möchte.

Mit Kipkapkögels kom wie an

Mit Kipkapkögels kom wie an,
elk singt, wat hey man singen kan.
Sünt-Matens-Tied, dat is en Tied,
dor worn jie hel bült Appels quiet.

Man um dej Appels nejt allein
bünt wie vn'abens up de Been,
wie fieren unser Luthe hoch,
dej de Pobst in Rom dej Kron offschloch.

Sing wie nejt düts, so sing wie platt,
so gjeut als geit, elk kan sachts wat.
Ok Luthe sung da't düchtech klung,
als hej noch in dej Skeule gung.

Für Nichtostfriesen:

Mit Laternen kommen wir herbei,
jeder singt so gut, wie er nur singen kann.
St.-Martins-Zeit, das ist eine Zeit,
da werdet ihr sehr viele Äpfel los.

Nur wegen der Äpfel nicht alleine
sind wir heute Abend auf den Beinen,
wir feiern unsern Luther hoch,
der dem Papst in Rom die Krone abschlug.

Singen wir nicht deutsch, so singen wir platt,
so gut wie es eben geht, jeder kann es sicherlich etwas.
Auch Luther sang, dass es gut klang,
als er noch zur Schule ging.

(aus dem Plattdeutschen von J. H. Ulferts)

Der Klaasohm: der böse Bruder vom Nikolaus

Diesen Brauch gibt es nur auf Borkum und sonst nirgends. Auch wollen die Insulaner bei diesem Fest unter sich sein, denn es ist ihr Höhepunkt des Jahres, wichtiger noch als Weihnachten. Der *Klaasohm* ist eine Mischung aus Dämon, Maskengeist und Knecht Ruprecht. Er geht am 5. Dezember um, dem Abend vor Nikolaus, und gebärdet sich dabei wie dessen böser Bruder. Genauer: wie mehrere böse Brüder, denn der Klaasohm wird von insgesamt sechs Männern und Jungen gespielt. Sie tragen hohe zylindrische Masken, die *Scherbellenskoppen* – bezogen mit Schafspelz, beklebt mit Möwenflügeln und versehen mit Schlitzen, durch die man nur mit Mühe hindurchschauen kann. In den Händen halten sie ellenlange Kuhhörner.

Der Klaasohm ist ein Männerritual. Männer ermitteln ihre Klaasohms in heimlichen Ringkämpfen, anschließend jagen sie junge Frauen. Und denen, die sie fangen, schlagen sie mit ihren halbmeterlangen Kuhhörnern kräftig aufs Gesäß. Das tut weh, und das ist auch beabsichtigt. Der seltsame Brauch soll auf die Zeit der Walfänger zurückgehen, als die männlichen Borkumer monatelang auf Nordkap-Fahrt waren. Zu Hause hielten die Frauen die Stellung. Als ihre Männer vom Meer zurückkamen, hatten diese der Überlieferung nach das Bedürfnis, die Verhältnisse in ihrem Sinne wieder zurechtzurücken: Das heißt, den Frauen zu zeigen, wer Herr im Haus sein soll, und das taten sie handgreiflich.

Auch wenn die Presse während des Klaasohms überhaupt nicht gern gesehen ist, wurden immer mal wieder Borkumerinnen dazu befragt, warum sie diesen Brauch tolerieren. Manche geben offen zu, dass es sich um ein frauenfeindliches Fest handelt, aber sie sagen auch, dass sie den Männern ihren Spaß gönnten, »es ist ja nur einmal im Jahr«. Andere sind der Ansicht, der Klaasohm sei einfach das wichtigste Fest auf Borkum, da spiele man mit. Wieder andere sagen, es mache ihnen Spaß, dem Klaasohm zu entkommen.

Neben allem Rätselhaften ist der Klaasohm aber vor allem eines: Ausdruck des Wir-Gefühls der Insulaner, des eingeschworenen Kollektivs, das im

Lauf der Jahrhunderte oft genug auf sich allein gestellt war. Der Klaasohm schweißt die Borkumer jedes Jahr wieder zusammen.

Bräuche fürs Leben und Sterben

Zur dunklen Jahreszeit passen die Totenrituale, mit denen Ostfriesen ihre Verstorbenen zu Grabe tragen. Zwar schwinden diese Bräuche immer mehr, doch in einigen Dörfern, vor allem in der Krummhörn, haben sie sich noch erhalten.

Sargtragen

Sechs Männer übernehmen das Ritual des Sargtragens. Es sind die Nachbarn zur Linken und zur Rechten des Trauerhauses. Früher wurde der Sarg, bevor er ins Grab hinabgelassen wurde, dreimal um die Kirche herumgetragen, entgegen dem Uhrzeigersinn. Das sollte den Teufel bannen, aber auch das Abschiednehmen des Toten von seiner Kirche und seiner Gemeinde symbolisieren. Heutzutage begnügt man sich meist mit einer einmaligen Kirchenumrundung oder trägt den Sarg nur noch zum Friedhofsplatz.

Totenheck

Diesen Brauch gab es in einigen Orten. War der Sarg ins Grab gelassen, stellte man ein hölzernes Gerüst über die Grube und verhängte es mit einem schwarzen Tuch. Mitunter blieb das Totenheck mehrere Wochen stehen, anderswo wurde es mit Abschluss der Teetafel weggeräumt. Es gibt viele Meinungen darüber, was dieses »Haus über dem Grab« zu bedeuten hat. Eine davon besagt, das Totenheck solle verhindern, dass der Verstorbene wiederkehrt.

Die Teetafel hingegen ist noch im ganzen Land verbreitet, wenn ein Mensch seine letzte Ruhe gefunden hat. Nach der Beerdigung lädt die trauernde Familie die Gemeinschaft in eine Gaststätte ein, wo man zusammen Tee trinkt, Butterkuchen oder belegte Brötchen isst. Am Ende wird jedem der letzte Schnaps gereicht, zum Gedenken an den Verstorbenen.

Drinkeldodenkarkhoff

Ein Küstenvolk muss sich mit Dingen beschäftigen, auf die Binnenländer niemals kommen. Zum Beispiel: Was soll mit einem Toten geschehen, den das Meer anspült? Auf dem Kirchhof darf nur ein Christenmensch begraben werden. Den Glauben sieht man einem Toten aber nicht an. Deshalb gab es früher auf den Inseln einen *Drinkeldodenkarkhoff*, die Ruhestätte für anonyme Ertrunkene. Heute steht auf Borkum und auf Spiekeroog an deren Stelle ein Gedenkstein.

Der Drinkeldodenkarkhoff auf Spiekeroog entstand im November 1854, kurz nach dem schlimmsten Schiffsunglück, das sich vor der Insel je ereignet hatte. Am 6. November wütete vor Spiekeroog ein schwerer Sturm. Die Bark »Johanne« konnte ihm nicht standhalten, schlug leck und versank. Mit ihr gingen 80 Passagiere unter, die sich aufgemacht hatten, in Amerika ein neues Leben zu beginnen. Niemand konnte den Schiffbrüchigen helfen. So trieben in den folgenden Tagen 30 Tote an den Strand. Weil auf dem kleinen Inselfriedhof kein Platz für sie war, wurde außerhalb des Dorfes ein Friedhof der Namenlosen eingerichtet, um die Ertrunkenen dort zu begraben.

Christliche Seeleute fürchteten das Schicksal, auf einem Drinkeldodenkarkhoff zu landen, und trugen einen goldenen Ohrring zum Zeichen, dass sie dem rechten Glauben angehörten. Überdies konnte mit dem Geldwert des Ohrrings ihr Begräbnis bezahlt werden. Auch heute noch sieht man viele Männer auf Norderney und auf Wangerooge mit einem goldenen Ring im Ohr.

Dass Gott niemanden vergisst, daran glaubt der Spiekerooger Inselpastor Andreas Flug fest. So schrieb er 2013 im Rahmen einer Inselführung für den Norddeutschen Rundfunk:

Vor einem Jahr stand ein Ehepaar aus den Niederlanden vor meiner Tür. Ihr Urururgroßvater sei 1881 ertrunken und solle auf Spiekeroog begraben sein. Wir haben ihn in den alten Kirchenbüchern tatsächlich gefunden. »Ein unbekannter Mann, dessen Leiche am Strande gefunden wurde«, stand da. »Mein Urahn«, sagte der Mann, »Jan Bindert Dijkstra.« Auch er liegt auf dem Drinkeldodenkarkhoff begraben. Ich habe den Namen eingetragen, 131 Jahre nach seinem Tod.

Hochzeit, Geburt und Taufe – Ostfriesland ist Bogenland

Was immer ein Mensch zu feiern hat, sei es eine Kindstaufe, eine Hochzeit, den Geburtstag oder den Einzug in ein neues Haus – um eines kommt er in Ostfriesland nicht herum, oder anders gesagt: Um einen Bogen kann er keinen Bogen machen. Denn die Herstellung von Girlanden aus Tannengrün und Papierblumen ist eine überaus beliebte Gemeinschaftsbastelei von Nachbarn und Freunden und auch die inoffizielle Eintrittskarte für eine kleine Party oder zumindest einen Umtrunk.

Wenn es sich um einen Neuankömmling in der

Nachbarschaft handelt, geht das Bogenmachen so: Zwei, drei Tage vor der Begrüßung des Zugezogenen treffen sich die Männer aus der Straße meist in der Garage des direkten Nachbarn. Dort bauen sie aus Holzlatten ein Bogengestell oder binden Tannenzweige um ein Tau. Zur gleichen Zeit treffen sich die Frauen und basteln aus Krepppapier oder Servietten viele bunte Blumen, die sie später mit Draht am Tannenbogen befestigen. Am Tag des offiziellen Willkommenheißens trägt man das Ganze zum Haus des Neulings. Die Männer bringen den Bogen vor der Haustür an, die Frauen fädeln die Blumen ins Grün, hängen noch ein Willkommensschild daran, und dann wird geklingelt. Der neue Nachbar wartet schon gebannt hinter der Tür darauf, dass er endlich vors Haus treten kann. Tut sich die Tür auf, wird er mit einem Lied empfangen, man reicht ihm einen Laib Brot und heißt ihn herzlich in der Nachbarschaft willkommen.

Überaus prächtige Bögen werden zu Hochzeiten gefertigt, dann kommen zu den Blumen noch Herzen und Ringe hinzu. Weniger prachtvolle finden unverheiratete Ostfriesen und Ostfriesinnen an ihrer Tür vor, wenn sie 25 Jahre alt werden und sich noch immer nicht gebunden haben. Den Frauen winken Girlanden voller Zigarettenschachteln, auf Schnüre gezogen oder ins Grün der Bögen hineingewirkt: Der Schmuck macht ihren neuen Status als »alte Schachtel« weithin sichtbar. Den Männern blühen meterlange Leinen voller Socken und leerer Flaschen. Denn jetzt sind sie eine »alte Socke« oder schlimmer noch: eine »Flasche leer«.

Oll' Mai: Wie man Ostfriese werden kann

Im ersten Kapitel war schon mal die Rede davon, wie die Einbürgerung eines Nichtostfriesen vonstattengeht. Die »Ostfriesische Botschaft« (www.botschaft-ostfriesland.de) versteht sich dabei als Anlaufstelle für Einbürgerungstests und Ostfriesenausweise.

Wer wirklich Ostfriese werden will, sollte sich nicht auf diese humoristische Vereinigung verlassen. Denn es gibt in der Tat einen Weg, als Auswärtiger eingebürgert zu werden, und dieser Weg ist ernsthaft und ehrenvoll. Aber eben auch steinig. Wer ihn gehen will, muss für Ostfriesland eine Menge geleistet haben.

Wie also wird man Ostfriese?

Dazu müssen wir noch einmal an die Ostfriesische Landschaft erinnern: Sie ist die kulturelle Vertretung aller Ostfriesen, genauer gesagt ihr gewähltes Kulturparlament. Fast jedes Jahr ehrt sie Ostfriesen und Nichtostfriesen für ihren Einsatz um das Küstenland. Wer Einheimischer ist und für seine Heimat

Verdienstvolles geleistet hat, dem kann die Ubbo-Emmius-Medaille verliehen werden. Henri Nannen etwa ist Träger dieser Auszeichnung, als Gründer und Stifter der Kunsthalle in Emden.

Aber auch Nichtostfriesen werden geehrt, und zwar mit dem sogenannten *Indigenat*. Dies ist nicht mehr und nicht weniger als eine Ehrenbürgerschaft: Durch das Indigenat wird man also Ostfriese ehrenhalber. In früheren Zeiten, als die Ostfriesische Landschaft noch die Ständevertretung des Küstenvolkes war, hatte sie das Recht, »Nichtlandsässigen das volle ostfriesische Staatsbürgerrecht zu gewähren«, wie es auf ihrer Website heißt.

Heute ist dies die höchste Auszeichnung, die Ostfriesland an Auswärtige zu vergeben hat. Die Preisträger haben sich meist in jahrzehntelanger Hingabe um Ostfriesland verdient gemacht und kulturelles, künstlerisches oder soziales Engagement bewiesen. Prominente Einbürgerungsbeispiele sind der amerikanische Sprachwissenschaftler Marron Curtis Fort oder der Orgelbauer Jürgen Ahrend, der in Göttingen geboren wurde und heute in Leer lebt.

Das Indigenat wird nicht automatisch jedes Jahr gewährt – wenn sich niemand Preiswürdiges finden lässt, wird auf die Auszeichnung verzichtet. Andersherum kommen in manchen Jahren gleich mehrere Ehrenbürgerschaften vor (sieben im Jahr 1964, während es 2007 und 2009 keine gab). Die erste wurde

1821 verliehen, die aktuell letzte 2014. Sie ging an Joachim Queck, den Vorsitzenden der Ostfriesischen Landschaftlichen Brandkasse.

Auffallend wenige Frauen sind Ehrenostfriesinnen geworden: Unter 194 Preisträgern finden sich ganze sechs. Eine davon ist Hildegard Peters, die Malerin und Kunsterzieherin aus Norden (geboren in Bielefeld), die im Jahr 1990 die »Internationale Norder Sommerakademie« gründete: eine Institution, in der Bildende Künstler aus aller Welt vier Wochen lang interessierte Laien unterrichten.

Die Ehrung selbst wird immer am sogenannten *Oll' Mai* vorgenommen, dem »ollen« oder alten Mai. Und er ist wirklich sehr »oll«: Im Jahr 1620 wurde erstmals schriftlich festgehalten, dass sich das ständische Parlament jährlich am 10. Mai treffen sollte. Und so ist es bis heute geblieben. Immer zu diesem Datum kommt die Ostfriesische Landschaft zusammen, verleiht Preise und widmet sich einem aktuellen Thema wie etwa dem Erhalt der plattdeutschen Sprache oder den Migrationsbewegungen in Ostfriesland.

Indigenatsträger seit 2004

2004: Dr. Dominik Freiherr von König, Hannover, ehem. Generalsekretär der Stiftung Niedersachsen

2006: Dr. Friedrich Scheele, Emden, ehem. Direktor des Ostfriesischen Landesmuseums Emden, und Dr.-Ing. h.c. Aloys Wobben, Aurich, Unternehmer

2008: Reinhard Scheibe, Hannover, Politiker

2010: Heiko Jörn, Leer/Neumünster, ehem. wissenschaftlicher Leiter des Kunsthauses Leer

2011: Dr. Edmund Ballhaus, Emden, Filmemacher und Autor, sowie Prof. Wolfram König, Aurich, Gründer und künstlerischer Leiter des Musikalischen Sommers

2012: Hildegard Peters, Norden, Malerin und Kunsterzieherin

2013: Axel Heinze, Esens, wissenschaftlicher Mitarbeiter und Museumslehrer im Museum »Leben am Meer«

2014: Joachim Queck, Aurich, Vorsitzender der Ostfriesischen Landschaftlichen Brandkasse

Ubbo-Emmius-Medaillenträger seit 2000

2000: Manfred Ochsler, Großefehn, Feuerwehrmann

2002: Rolf Trauernicht, Großefehn, Unternehmer und Sponsor

2005: Dr. Hajo van Lengen, Aurich, Historiker

2006: Johann Haddinga, Norden, Autor ostfriesischer Literatur

2010: Enno Schmidt, Aurich, Landeskundler

2011: Johannes Diekhoff, Aurich, Pädagoge und Autor

Bemerkenswerte Ostfriesen

Ostfriesland hat einige berühmte Menschen hervorgebracht: Nobelpreisträger, Politiker, Musiker, Komiker, Forscher und viele andere, über die man jede Menge Literatur findet. Unsere Auswahl dagegen handelt von Ostfriesen, über die man nicht so viel liest. Dennoch haben sie uns beeindruckt. Sei es durch ihren Willen, ihren Kampfgeist, ihre ungewöhnliche Begabung, ihr verrücktes Leben oder ihren Todesmut. Otto Waalkes, Karl Dall, Rudolf Eucken und all die anderen mögen uns verzeihen.

Karl Heinrich Ulrichs, Vorkämpfer für
die Rechte Homosexueller

Er wählte seltsame Worte: »Uranismus« nannte er die Liebe zwischen zwei Männern oder »mannmännliche Liebe«, und die, die sie praktizierten, bezeichnete er als »Urninge«. Zu Beginn seines Kampfes für die Gleichstellung schwuler Männer gab es das Wort »homosexuell« noch nicht, also musste der Sexualforscher und Rechtswissenschaftler aus Aurich kreativ werden. Am 28. August 1825 geboren, nahm Karl Heinrich Ulrichs zeitlebens kein Blatt vor den Mund, auch wenn er sich damit immer wieder in herbe Schwierigkeiten brachte. Schließlich war die gleichgeschlechtliche Liebe – zumindest unter Männern, unter Frauen nahm man sie weniger ernst – im 19. Jahrhundert strafbar. Der preußische Paragraph 143 setzte sie mit Sodomie gleich und belegte sie mit einer Gefängnisstrafe von bis zu vier Jahren. Es verlangte also einigen Mut, sich auf dem deutschen Juristentag 1867 als erster Mann öffentlich hinzustellen, sich als »Urning« zu outen und die Straffreiheit für seinesgleichen zu fordern, so wie Ulrichs es tat. Denn er war der festen Überzeugung, dass es sich bei der gleichgeschlechtlichen Liebe um eine natürliche Veranlagung handelte, an der nichts Schlechtes zu finden war. Seine Rede konnte er nicht zu Ende bringen. Schon nach den ersten Sätzen kam es zu tumultartigen Szenen, die Zuhörer schrien ihn nieder. Ulrichs wurde des Saales verwiesen. Aber Gegenwind machte den Mann aus Aurich nur noch entschlossener. Seine ungehaltene Rede veröffentlichte er ungekürzt und unter vollem Namen. Er sah sich als Pionier, der einen Weg bahnte, damit andere ihm folgen konnten. So schrieb er:

»Obgleich schließlich gewaltsam unterdrückt, war mein Protest dennoch ein gegen das System zum ersten Mal geführter Stoß. Dieser Stoß hat eine Bresche

gebrochen: Und diese Bresche soll und muss diesseits benutzt werden, um nachzudringen.«

Doch die Rückschläge häuften sich. Mit der deutschen Reichsgründung 1871 verfinsterten sich die Zeiten für Homosexuelle, statt sich wie erhofft zu verbessern. Ulrichs musste sich eingestehen, dass sein Kampf erfolglos geblieben war. 1880 wanderte er ins italienische Exil aus, wo er am 14. Juli 1895 starb.

Heute ist die Schneise, die Ulrichs schlug, ein breiter Weg geworden. Seine Heimatstadt Aurich benannte am 30. August 2014 einen zentralen Platz nach ihm. Und zwar freudig: Der Verein Landlust machte den Vorstoß, dem Sohn der Stadt eine Straße zu widmen – ein Platz ist es geworden. Dabei bedauerte der Ortsbürgermeister Sebastian Schulze nur eines: »Schade, dass wir nicht die Ersten sind, die Ulrichs gedenken«, sagte er in der Sitzung des Verwaltungsausschusses. »Aber besser spät als nie.« Sollte es Gegenwind von den Bürgern geben, so Schulze weiter, »kann ich das aushalten«. Für Karl Heinrich Ulrichs wünscht man sich, dass er diese Worte gehört haben mag, wo auch immer sich seine Seele aufhält.

Miene Schönberg, Mutter der US-Komiker Marx Brothers

Der Begriff »schillernder Lebenslauf« ist ein bisschen aus der Mode gekommen. Bei Miene Schönberg muss man ihn zwingend wieder aus der Mottenkiste holen. Denn kaum etwas im Leben der Marx-Brothers-Mutter war in irgendeiner Form alltäglich. Als fünftes Kind eines Bauchredners und Budenzauberers sowie einer Harfenistin wurde sie am 9. November 1865 im ostfriesischen Dornum geboren. Doch ein festes Zuhause hatte sie nicht. In einem Waggon zog die Familie von Stadt zu Stadt, von Jahrmarkt zu Jahrmarkt, um ihr Publikum zu unterhalten.

14 Jahre später spülte es die Schönbergs im großen Strom der Einwanderer nach Amerika. Dort nannte Miene sich erst Minna, dann Minnie und heiratete 1885 einen Tanzlehrer aus dem Elsass namens Sam Marx. Mit ihm bekam sie sechs Söhne, wobei der Erstgeborene bald wieder verstarb. Auch ein Mädchen gesellte sich dazu: die uneheliche Tochter ihrer Schwester Hannah, die Minnie als ihr eigenes Kind ausgab und dafür das Datum ihrer Hochzeit fälschte. Tanzend ließen sich so viele Sprösslinge nur schwer ernähren, so dass Vater Sam seinen Beruf wechselte und Schneider wurde. Arm blieb die Familie trotzdem – oder vielleicht gerade deshalb,

denn der Schneiderneuling hielt zentimetergenaues Abmessen für überbewertet und verließ sich lieber auf sein Augenmaß.

Aber man war ja im Land der unbegrenzten Möglichkeiten. Minnies Bruder Albert Schönberg hatte seinen amerikanischen Traum bereits wahrgemacht: Als Al Shean wurde er um 1900 ein gefeierter Bühnenstar. Tingeltangel, das lag der Familie im Blut, mit Tingeltangel kannte Minnie sich aus, und mit Tingeltangel würden sie alle ihr Glück machen. So kam es, dass ihre fünf Buben Leonard, Adolph, Julius, Milton und Herbert (später bekannt unter den Namen »Chico«, »Harpo«, »Groucho«, »Gummo« und »Zeppo« Marx) schon früh ins Showbiz wechselten: Leo spielte mit 13 Jahren Klavier in Kneipen und Freudenhäusern, die anderen versuchten sich als »singende Nachtigallen« in Varietés. Als all dies wenig fruchtete, riss der eine ein paar Witze auf offener Bühne, der andere hielt dagegen, und plötzlich bogen sich die Leute vor Lachen. Die Marx Brothers waren geboren.

Um die Karriere ihrer Söhne anzuschieben, siedelte Minnie 1909 die Familie nach Chicago um. Dort waren die großen Vaudeville-Bühnen zu Hause. Kurzzeitig versuchte sie sich selbst als Darstellerin, doch das lag ihr nicht. Unschlagbar war sie dagegen als Managerin ihrer Söhne. So nannte sie sich zwischendurch Minnie Palmer, nach einer populären

Schauspielerin, die sich zeitweise außerhalb der USA aufhielt. Dies sorgte für Konfusionen unter den Presseleuten, aber auch für jede Menge Publicity, die wiederum den Marx Brothers zugute kam.

Als der Erste Weltkrieg näherrückte und damit die Gefahr, dass ihre Söhne eingezogen wurden, kaufte Minnie Marx einen Bauernhof in Illinois, da Farmer vom Kriegsdienst verschont blieben. So hielt sie die Brüder im Land und auf der Erfolgsspur. Denn die hatten sich inzwischen zu bekannten Vaudeville-Stars in Chicago gemausert.

1924 war es so weit: Minnie Marx feierte ihren größten Triumph – die Marx Brothers traten am Broadway auf. Am Premierenabend musste man sie zu ihrem Logenplatz tragen, da sie sich bei der Anprobe ihres Ballkleids das Bein gebrochen hatte. Doch das war zu verschmerzen: Das Kind eines Zauberers aus Ostfriesland hatte sein Ziel erreicht. Fünf Jahre später, im Alter von nur 64 Jahren, fegte ein Schlaganfall Minnie Marx aus ihrem turbulenten Leben.

»Das Glück, mein Junge, besteht aus den kleinen Dingen: eine kleine Yacht, ein kleines Landhaus, ein kleines Vermögen.« (Groucho Marx)

Jan van Koningsveld, Weltmeister im Kopfrechnen

3,14159265358979323846264338327950 28 … und so weiter bis in alle Ewigkeit. Die Zahl Pi ist eine sogenannte irrationale Zahl und verfügt über unendlich viele Nachkommastellen. 2770 davon konnte Jan van Koningsveld auswendig aufsagen – das war deutscher Rekord in den Jahren 1999 bis 2003. Mit diesem Kunststück startete der 1969 geborene Emder seine Karriere im Kopfrechnen, auch wenn er zu diesem Zeitpunkt bereits 30 Jahre alt war. Zwar hatten ihn Zahlen seit seiner Kindheit fasziniert, doch erst die Bekanntschaft mit Weltklasse-Kopfrechnern ließ die alte Leidenschaft wieder aufleben. Fortan trainierte van Koningsveld Wurzelziehen im Kopf, das Kalenderrechnen – also die Zuordnung des Wochentags zu jedem beliebigen Datum – und die Multiplikation achtstelliger Zahlen. Im Lauf der Jahre hat das ostfriesische Superhirn vier Weltmeistertitel und zwei Olympiasiege im Kopfrechnen errungen, insgesamt 20 Weltrekorde aufgestellt und im Jahr 2007 die Emder Rechenmeisterschaften ins Leben gerufen, bei denen Schüler in den Grundrechenarten miteinander wetteifern. Von Beruf ist der Rechenkünstler von der Waterkant passenderweise Bilanzbuchhalter. Aber er bildet auch Kopfrechner aus, etwa die gleichfalls aus Emden stammende Silke Betten, die mit ihm zusammen die Rechenmeisterschaften organisiert.

Wie macht der Kerl das nur? Zumindest das Kalenderrechnen hat er in einem Buch erklärt, es heißt: ›In sieben Tagen zum menschlichen Kalender‹. Jeder – wirklich jeder – soll damit in die Lage versetzt werden, einem Datum seinen Wochentag zuzuordnen. Denn laut Koningsveld ist das Kopfrechnen vor allem eine Sache der Übung. Er selbst trainiert vor Meisterschaften bis zu zwei Stunden pro Tag. Und damit auch andere von seinem Können profitieren, rief van Koningsveld 2012 die »Arbeitsgemeinschaft Kopfrechnen« ins Leben – eine Initiative für acht- bis elfjährige Kinder, denen er seine Techniken beibringt.

Bernd Flessner (»Flessi«), bester deutscher Windsurfer

Wer will nach Hawaii, wenn er Norderney vor der Tür hat? – diese Frage mag für den durchschnittlichen Deutschen abstrus klingen, denn ganz bestimmt ist es in der Südsee tausendmal aufregender als am Nordseestrand. Doch der gebürtige Norderneyer Bernd Flessner, 16 Mal in Folge Deutscher Meister im Windsurfen, gab in einem »Spiegel«-Interview folgende Antwort: »Hau mir ab mit Kack-Hawaii! Da bin ich zwei Tage im Flieger, hab zwölf Stunden Zeitunterschied und bin nur ein paar Tage da.« Er habe jedenfalls immer geflucht, wenn es zum Training nach Hawaii ging, dreimal pro Jahr. Jetzt muss Bernd Flessner, genannt Flessi, nicht mehr fluchen. Der beste deutsche Windsurfer hat 2013 mit dem Profisport aufgehört und lebt nun wieder dauerhaft auf seiner Heimatinsel Norderney. Der heute 45-jährige Ostfriese ist eine Legende: 26 Jahre im Profisport, von 1995 bis 2011 durchgehend Deutscher Meister, drei Weltmeistertitel. Zwölf Jahre lang gehörte Flessner zu den zehn besten Windsurfern der Welt. Das zehrte gewaltig an den Kräften. Dennoch musste er 2011, kurz vor dem Abschied vom Profisport, noch seinen Traum wahrmachen, sein ganz persönliches Meisterstück: quer durch die Deutsche Bucht von Norderney nach Sylt zu surfen. Diese Überfahrt auf dem Surfbrett hatte bislang noch keiner unternommen.

Für die 140 Kilometer lange Strecke brauchte Flessner vier Stunden und seine gesamte Willenskraft. Er riss sich ein Loch ins Segel, weil er für einen Moment nicht aufpasste. Und kurz vor dem Ziel rammte er sich die Finne seines Surfbretts ins Bein und zog sich eine Fleischwunde zu. Unter Schmerzen surfte der Profi die letzten Kilometer bis zur Südspitze Sylts. Aber das spielte alles keine Rolle: Sein Traum, den er zwanzig Jahre lang mit sich herumtrug, hatte sich erfüllt.

Max Windmüller, jüdischer Widerstandskämpfer und Fluchthelfer

Mit 13 Jahren ist Max Windmüller, der jüdische Junge aus Emden, bereits auf der Flucht. Sein Vater Moritz steht vor dem Aus: Ende März 1933 haben ihm die Nazis Berufsverbot erteilt, er darf nicht mehr als Fleischer arbeiten. Wovon soll Moritz Windmüller nun sich, seine Frau und die fünf Kinder ernähren? Es gibt nur einen Ausweg: die Flucht in die Niederlande. Der Familie gelingt es, in Groningen unterzukommen.

Max, geboren am 7. Februar 1920 als das dritte der Windmüller-Kinder, sieht von nun an keine Schule mehr von innen. Dafür schließt er sich mit seinem Bruder Isaak einer Gruppe an, die jüdische Jugendliche auf die Auswanderung nach Palästina vorbereitet. Er selbst beginnt eine Ausbildung als Landwirt, um später im Gelobten Land leben zu können. 1939 schifft sich sein Bruder Isaak auf dem Segler »Dora« ein, der Auswanderer nach Palästina bringt. Auch Max ist bereits an Bord. Doch er wird nicht mitfahren. Ein Organisator der Ausbildungsgruppe bittet ihn, zurückzukommen. Er soll helfen, andere Jugendliche auf das Leben in Palästina vorzubereiten. Max Windmüllers Entschluss, die »Dora« wieder zu verlassen, kostet ihn schließlich das Leben. Und rettet das von etwa 100 jüdischen jungen Menschen.

1942 werden die holländischen Juden nach Mauthausen deportiert. Auch Jette Seligmann, Max' Mutter, ist unter ihnen sowie sein Bruder Salomon und dessen Familie. Max Windmüller versteckt sich, 13 Monate lang harrt er auf Dachböden aus und macht anschließend das Verstecken jüdischer Flüchtlinge zu seiner Berufung. Er wird Mitglied der Widerstandsgruppe um den Lehrer Joop Westerweel, einen überzeugten holländischen Friedenskämpfer. Die Gruppe lässt Juden untertauchen, versorgt sie mit gefälschten Papieren, bringt sie über die Grenze nach Frankreich und Spanien. Max Windmüller wird zum Verbindungsmann im besetzten Frankreich, organisiert Fluchtwege über die Pyrenäen, nimmt Decknamen an. Sein bekanntester ist Cor, die Kurzform von Cornelius Andringa. Etwa 100 junge Juden führt er über die Pyrenäen-Passstraßen nach Spanien in die Freiheit. Insgesamt verhilft die Westerweel-Gruppe fast 400 Juden zur Flucht.

Die unablässige Gefahr der Entdeckung macht Windmüller geradezu todesmutig. Als Aart van Norden reist er mit dem Ausweis eines SS-Sicherheitsdiensts durch Frankreich und Belgien, spaziert in die Kommandaturen der Wehrmacht, um sich Lebensmittelkarten ausstellen zu lassen. Am 18. Juli 1944 ist der Tanz auf dem Vulkan vorbei: Max Windmüller und seine Mitstreiter werden durch Agenten der Nazis enttarnt. Cor wird nach

Buchenwald deportiert. Dort leistet er einige Monate Schwerstarbeit, bevor er mit anderen Häftlingen auf den letzten Todesmarsch nach Dachau geschickt wird – genau einen Tag vor der Befreiung des Konzentrationslagers durch die Amerikaner. Am 21. April 1945 wird Max Windmüller beim Versuch, aus einer Pfütze zu trinken, von hinten erschossen. Er wird nur 25 Jahre alt.

Seine Heimatstadt Emden benennt am 8. November 1998 eine Straße nach ihm: Aus der Webergildestraße wird die Max-Windmüller-Straße. Im Bürgergespräch, das zuvor abgehalten wird, kann sich allerdings nur ein einziger Bewohner der Straße für die Umbenennung erwärmen. Der Rat der Stadt beschließt sie dennoch, einstimmig.

Was sagt man dazu?

Ostfriesland verlassen? Über Auswandern, Fernweh und das Dasein als Butenfriesin. Fünf Fragen an Dr. Sylvia Lott, Schriftstellerin, Journalistin und Ostfriesin mit Wohnsitz in Hamburg

1. *Frau Lott, Ihre Romane handeln von Menschen, die in die Ferne aufbrechen, etwa in den Himalaya oder nach New York. Doch auch Ostfriesland spielt stets eine große Rolle. Gibt es eine ostfriesische Zerrissenheit zwischen Heimatliebe und Fernweh?*

Auf jeden Fall! In fast jeder ostfriesischen Familie gibt es jemanden, der ausgewandert ist. Die Küstenbewohner waren oft Fischer und täglich auf See – weckt nicht der Anblick des Meeres allein schon Fernweh? Die Fehntjer aus dem südlichen Ostfriesland mussten, als das Moor abgetorft war, neue Erwerbsquellen suchen, und viele gingen dann auf große Fahrt. Das brachte Weltoffenheit in kleine Dörfer. Mein Urgroßvater war zum Beispiel als Matrose während des Boxer-Aufstandes in China. Die Briefe und Berichte der Weitgereisten regten auch die Phantasie derer an, die zu Hause blieben. Andererseits kenne ich viele Ostfriesen, die zum Beispiel in Süddeutschland gute Jobs gefunden haben und statt umzuziehen lieber jahrelang am Wochenende mit Fahrgemeinschaften nach Hause reisen.

2. *In Ihrer eigenen Familie gab es zahlreiche Auswanderer. Drei Ihrer Großonkel und zwei Großtanten sind zwischen den Weltkriegen nach Amerika ausgewandert. Trieb sie die Not oder die Abenteuerlust?*

Beides. Ohne das eine oder das andere wären sie sicher nicht so weit gekommen.

3. *In der ostfriesischen Literatur dominiert derzeit der Krimi, doch Mord und Totschlag sind nicht Ihre Themen. Was inspiriert Sie an Ostfriesland?*

Die Weite. Das Eigenwillige, Urige, Originale. Das Durchatmen-Können. Die Historie. Die Gegensätze. Verheimlichte Abgründe. Die Romantik. Der Duft einer Kuhweide zur Zeit der Holunderblüte. Das Licht. Und irgendwas Geomantisches.

4. *Was meinen Sie damit?*

Das Gefühl, das ich auf der Autobahn habe, wenn ich an Oldenburg vorbei bin: Da geht mir das Herz auf. Allein diese unglaubliche Weite des Himmels! Ich atme freier, fühle mich zuversichtlich, empfinde eine körperlich spürbare Erleichterung. Und ich glaube, das hat was mit dem inneren Kompass zu tun. Wie bei Tauben oder Störchen, die an ihren Ausgangsort zurückkehren. Ich bin durch die ganze Welt gereist, habe unglaublich schöne Gegenden gesehen, aber keine Region entsprach so sehr meiner Seelenlandschaft wie diese. Man kann es auch ganz einfach sagen: Hier ist mein Zuhause.

5. *Was fehlt Ihnen als Ostfriesin in Hamburg, und was kann die Butenfriesin entbehren?*

Meinen Lieblingstee und Kluntjes kann man zum Glück auch in Hamburg kaufen.
Was ich an Ostfriesland mag: Jeder kennt jeden.
Was mich manchmal nervt: Jeder kennt jeden.
Ich lese dort sehr gern aus meinen Romanen, denn die Leute lachen immer an den richtigen Stellen.

Der Humor ist schon speziell. Auswärtige merken oft nicht, wenn ein Ostfriese sich gerade innerlich halbtot lacht. Alles andere, das Gesamtpaket, gibt's nun mal nur in Ostfriesland – man muss es eben regelmäßig besuchen.

Ostfrieslands Gesundheit: Von Knochenbrechern, weltberühmten Ärzten und Pionierinnen

Bis vor einigen Jahren waren sie außerhalb Ostfrieslands weitgehend unbekannt: die Knochenbrecher. So nennt man die Heilkundigen von der Küste, die mit den Händen wahrnehmen können, wo etwas im Bewegungsapparat eines Menschen oder eines Tieres nicht stimmt. Die *Knakenbreker*, wie man auf Plattdeutsch sagt, sind in der Regel medizinische Laien, die ihre Gabe nicht erlernt, sondern in die Wiege gelegt bekommen haben. Sie erspüren mit den Händen buchstäblich, wo es klemmt, und dann reicht oft eine rasche Bewegung, um dem Patienten zu helfen. Vom knackenden Geräusch der wieder eingerenkten Gelenke stammt die etwas rüde Berufsbezeichnung.

Ein Knakenbreker war früher die erste Adresse, an die sich ein Ostfriese wandte, wenn er es im Rücken hatte oder ihm sonst etwas wehtat. Auch heute noch genießen die Heilkundigen ein hohes Ansehen, und so mancher Einheimische schwört auf »seinen« Spezialisten.

Mittlerweile sind die Knochenbrecher allerdings auch deutschlandweit bekannt – dank des sogenannten »XXL-Ostfriesen« Tamme Hanken, der durch die gleichnamige NDR-Serie Berühmtheit erlangt hat. Hanken ist ein Knakenbreker aus Filsum, der vor allem Pferde behandelt. Doch das allein hat ihn nicht zum Fernsehstar gemacht. Der Ostfriese ist eine imposante Erscheinung, mehr als zwei Meter groß und sehr gewichtig – zum anderen ist er nicht auf den Mund gefallen. Die Fernsehzuschauer jedenfalls lieben ihn.

Der Arzt mit den Radarfingern

Manche nennen ihn den berühmtesten oder »besten Arzt auf der Welt«, wie es der jamaikanische Sprintstar Usain Bolt tat. Nur macht »der Doc« von seiner Herkunft nicht viel Aufhebens, obwohl er Ostfriesland liebt und sich seiner Heimat noch immer verbunden fühlt. Seit vielen Jahrzehnten lebt er in München.

Die Rede ist, na klar, von Dr. Hans-Wilhelm Müller-Wohlfahrt, dem medizinischen Betreuer der deutschen Fußballnationalmannschaft und des Spitzenfußballclubs Bayern München. Mittlerweile ist er 72 Jahre alt, sieht aber zeitlos fit aus und ist noch immer unermüdlich bei der Arbeit.

Der Ausnahme-Doktor wurde am 12. August

1942 in Leerhafe geboren, das heute zu Wittmund gehört. Von drei Brüdern war er der jüngste und nicht immer einer Meinung mit seinem Vater. Denn Diedrich Müller-Wohlfahrt war Dorfpfarrer und hegte die Hoffnung, dass der jüngste Spross einmal die Gemeinde übernehmen möge. Dabei hatte dieser nur einen Wunsch: Arzt werden. Ausgerechnet. Vater Diedrich hatte für die »Götter in Weiß« rein gar nichts übrig, er hielt sie für überheblich und charakterlich zweifelhaft. Jeder andere Beruf wäre ihm lieber gewesen, und so verfügte er: »Du kannst alles studieren, nur nicht Medizin.«

Widerstand, Rebellion – das ist in ostfriesischen Haushalten nichts Unübliches, lässt sich ein wahrer Ostfriese doch kaum sagen, was er zu tun und zu lassen hat. Jedenfalls konnte sich Hans-Wilhelm mit seinen 16 Jahren nichts anderes für sein Leben denken, obwohl er noch viele weitere Interessen hatte: Er trieb unermüdlich Sport, übte sich im Kugelstoßen, Laufen, Speerwerfen, er spielte Orgel und Posaune, sang im Kirchenchor. Aber sein Berufsziel stand fest: »Da war sonst überhaupt kein anderer Wunsch.«

Was für ein Glück, dass er sich durchgesetzt hat. Müller-Wohlfahrt habe »Radarfinger«, sagte Lothar Matthäus über die Fähigkeit des Mediziners, einen Muskel mit den Fingerkuppen abzutasten und herauszufinden, was damit nicht stimmt. Dabei liegt das Geheimnis seines Könnens im jahrzehntelangen

Üben. So sagte Müller-Wohlfahrt 2012 in einem Interview mit der »Süddeutschen Zeitung«:

»Ich kenne die anatomischen Gegebenheiten der Muskulatur. Ich habe Tausende Male ertastet, wie sich ein unverletzter Muskel anfühlt. Diese Eindrücke habe ich gespeichert. Ich habe ungefähr 35 000 Muskelverletzungen diagnostiziert und im Gedächtnis abgelegt. Diese Speicherbilder, sogenannte Engramme, kann ich jederzeit abrufen.« Und er setzte hinzu: »Ich bilde mir ein, wenn ich 14 Tage Urlaub mache, muss ich mich am ersten Arbeitstag viel mehr konzentrieren, um das Tastempfinden wiederzuerlangen.«

Das mag ein Grund sein, warum er so selten Ferien macht. Müller-Wohlfahrt ist ein Getriebener. Er studierte nicht nur Medizin, sondern auch Sport. Er sezierte als junger Mann in seiner Freizeit, konnte bald jeden Knochen im menschlichen Körper aus dem Gedächtnis zeichnen. 1975 wurde er Mannschaftsarzt bei Hertha BSC, dem Berliner Bundesliga-Fußballclub. Und dann holte ihn 1977 schon der FC Bayern.

Jetzt ist er in einem Alter, in dem andere nichts lieber tun, als die Füße hochzulegen. Das kann Müller-Wohlfahrt nicht. Er hat es einmal versucht mit der Ruhe, besser gesagt mit Yoga. Jahrelang hat er seiner Frau zuliebe morgens Yoga gemacht. Das ging irgendwann schief. Weil er das »nicht so meditativ«

gesehen habe, wie er selbst sagt. Sondern eher sportlich. »Ich habe es übertrieben.« Mit dem Ergebnis, dass er sich einen Bandscheibenvorfall zuzog und operiert werden musste.

Fühlt sich der Wahlmünchner seiner alten Heimat denn noch verbunden? Wir haben ihn gefragt:

Herr Müller-Wohlfahrt, sind Sie als Butenfriese noch ab und zu in Ostfriesland?

»Ja, nach wie vor halte ich den Kontakt zu meiner alten Heimat aufrecht. Mein Bruder lebt dort, und wir haben sehr engen Kontakt. Wann immer es die Zeit erlaubt, besuche ich ihn. Meinem Lieblingsfischerdorf Neuharlingersiel statte ich dann immer einen Besuch ab, um dort in einem Hafenlokal frisch gefangene Seezunge zu essen.«

Gibt es etwas aus Ostfriesland, das Ihnen in München fehlt?

»Was mir fehlt, ist das friesische Plattdeutsch, mit dem ich aufgewachsen bin. Die mir vertraute Mentalität der Menschen dort, ihre Geradlinigkeit und schweigsame Art haben mich durchaus geprägt. Kulinarisch gesehen fehlen mir der heiße ostfriesische Tee mit Kluntje, Grünkohl mit Pinkel, Aal (dazu einen Korn für Hände und Magen) oder auch frisch gepulte Krabben. Und ich vermisse die Landschaft, die Weitläufigkeit oder einfach den Blick aufs Meer.«

Hermine Heusler-Edenhuizen: die erste Frauenärztin Deutschlands

Hermine Heusler-Edenhuizen aus Pewsum bei Emden war die erste Frauenärztin Deutschlands und eine wahrhaft unerschrockene Person. Der Widerstand gegen ihren Berufswunsch war noch einmal schärfer als der familiäre Streit im Hause Müller-Wohlfahrt, denn die Ostfriesin hatte gleich die gesamte Gesellschaft gegen sich.

Als Hermine Edenhuizen am 16. März 1872 geboren wurde, war der Sinn und Zweck des weiblichen Daseins die Eheschließung und nichts anderes. Frauen hatten keine Möglichkeit, sich akademisch zu bilden, die Universität war für sie tabu. Sie konnten, wenn sie zur bürgerlichen Schicht gehörten, allenfalls die »höhere Töchterschule« besuchen. Diese Ausbildung war jedoch mit dem 14. Lebensjahr absolviert, danach begann die Zeit des Wartens auf den Ehemann. Mit Glück konnten sich junge privilegierte Mädchen privat weiterbilden. Blieben sie unverheiratet, standen ihnen nur eine Handvoll Berufe offen. Etwa Lehrerin in Form einer Hilfskraft, Gouvernante oder Hebamme. Ärztin werden, eine Universität besuchen, das ging nicht. Genau das aber wollte Hermine Edenhuizen, viertes von sieben Kindern eines ostfriesischen Landarztes.

Zu ihrem Glück hatten sich sieben Jahre vor ihrer

Geburt bürgerliche Frauen um Helene Lange zum »Allgemeinen Deutschen Frauenverein« zusammengeschlossen und damit den Beginn der Frauenbewegung in Deutschland eingeleitet. Eines der Hauptziele des Vereins war der Zugang für Frauen zu Bildung und neuen Berufen. Ein Jahr nach der Geburt von Hermine Edenhuizen konnten Frauen immerhin schon als kaufmännische Assistentinnen arbeiten und zum Beispiel Sekretärin werden.

Doch erst ab 1895 und nur aufgrund unablässiger Petitionen von Frauenrechtlerinnen öffneten sich zaghaft die Hochschulen von Göttingen und Berlin. Sie nahmen Frauen zunächst als Gasthörerinnen auf, sofern sie eine Erlaubnis der Dozenten vorlegen konnten. Welche Widerstandskräfte da am Werk waren, kann man einer Antwort der philosophischen Fakultät der Uni Kiel entnehmen. 1891 hatte das Berliner Kultusministerium angefragt, ob man dort weiterhin am Verbot des Frauenstudiums festzuhalten gedenke. Man bejahte und begründete dies mit dem »durch heilsamen Zwang der Natur (…) gesetzten physiologischen und geistig-moralischen Abstand der Geschlechter«, den keine Schule je würde aufheben können.

Die gesellschaftliche Ächtung ging so weit, dass es Hermine Edenhuizen als Studentin kaum gelang, eine Wohnung zu finden. In ihren »Lebenserinnerungen« schrieb sie: »Ich bin … von Haus zu Haus gelaufen. Sobald ich mich als Studentin zu erkennen gab, wurde mir mit mehr oder weniger Höflichkeit erklärt, ›studierende Frauen nehmen wir nicht auf‹. Manchmal wurde auch ohne Antwort die Tür vor mir zugeschlagen.«

Trotz aller Widrigkeiten – im Jahr 1898 war es so weit: Die 26-jährige Ostfriesin, die dank Helene Langes Gymnasialkursen das Abitur abgelegt hatte, betrat als eine der ersten deutschen Studentinnen die Hörsäle der Universität Berlin, um Ärztin zu werden. Unter dem Protest der männlichen Studenten, die ihren Unmut mit Pfiffen und Fußgetrappel kundtaten. Ihre Kommilitonen erlebte sie nicht als Kameraden, sondern als Feinde. 1903 bestand sie dennoch ihr Examen mit einer glatten Eins. Sie machte sich an ihre Doktorarbeit und assistierte als sogenannte Volontärärztin an diversen Kliniken. 1909 schließlich ließ sie sich als erste »Fachärztin für Frauenkrankheiten und Geburtshilfe« mit einer eigenen Praxis in Köln nieder.

Doch kurz darauf verließ sie das Rheinland geradezu fluchtartig, um in Berlin eine neue Praxis zu eröffnen. Der Grund dafür war ein Mann, der verheiratete Arzt Otto Heusler. In ihn war die mittlerweile 37-Jährige seit zwei Jahren rettungslos verliebt. Dabei hatte sie nie etwas mit Liebe zu tun haben wollen. Sie ging in ihrem Beruf auf und empfand Gefühle für einen Mann als Verrat an der Sache.

Otto Heusler warf all das über den Haufen. Zu allem Unglück war er nicht nur verheiratet, sondern auch noch der Mann einer engen Freundin. Drei unglückliche Menschen konnten weder vor noch zurück, bis Otto Heusler schließlich die Scheidung einreichte, um mit Hermine Edenhuizen zu leben – was einen gesellschaftlichen Skandal allererster Güte heraufbeschwor.

1912 heirateten der Internist und die Frauenärztin, und zwar mit Ehevertrag, der Hermine Heusler-Edenhuizen, wie sie nun hieß, finanzielle Unabhängigkeit und uneingeschränkte Berufsausübung zusicherte. Sie engagierte sich bis zu ihrem Lebensende als Frauenrechtlerin, gründete den Bund deutscher Ärztinnen, war eine entschiedene Gegnerin der Nazis, die ihre jüdischen Patientinnen im Schlafzimmer versteckte, als diese im Wartezimmer nicht mehr sitzen durften. Sie entdeckte eine der Hauptursachen für Kindbettfieber neben mangelnder Hygiene – Geschlechtsverkehr vor der Geburt – und sorgte dafür, dass ihre Wöchnerinnen am Leben blieben. Sie starb am 26. November 1955 in Berlin.

Orgelland Ostfriesland: Reich hinterm Deich

In manchen Dingen ist das kleine Ostfriesland eine echte Größe. Es birgt eine der reichsten Orgellandschaften der Welt. Mehr als 90 Instrumente von historischer Bedeutung finden sich hier, etwa zwei Drittel stammen aus der Zeit vor 1850. Eine der weltältesten spielbaren Orgeln steht im Dorf Rysum und wird bald 560 Jahre alt sein (erbaut im Jahr 1457). Man kann von Dorf zu Dorf radeln und überall in den kleinen Kirchen auf gut erhaltene, noch immer spielbare Instrumente stoßen.

Wie kam es, dass ausgerechnet in diesem windumtosten Teil Deutschlands die Orgel so reüssierte? Lag es vielleicht genau daran: am Wind? An dieser Symphonie aus Meeresrauschen und Sturmgeheul, die der Ostfriese von klein auf im Ohr hat? Glaubt man Uda von der Nahmer, Autorin des Buches ›Windgesang‹ und Kulturanthropologin, ist das gar nicht so abwegig. Sie sagt: »Der Wind und die Orgeln lieben einander. Vielleicht sind darum so viele in Ostfriesland zu Hause.«*

Doch um in Ostfriesland eine so reiche Orgelkultur hervorzubringen, brauchte es noch etwas mehr: Begeisterung vor allem und die nötigen Mittel.

Der Musikwissenschaftler Konrad Küster aus Freiburg hat sich intensiv mit den Orgeln an der Nordseeküste beschäftigt, genauer: mit ihrer Verbreitung in den Marschregionen. Um das Jahr 1500 setzte dort eine regelrechte Orgelbauwelle ein. Das betraf einen Küstenstreifen von etwa 700 Kilometer Luftlinie, der von Amsterdam über die gesamte friesische Küste bis nach Hamburg und weiter nach Dänemark reichte. Dieser Streifen war so etwas wie das Pionierland der Orgel. Nirgendwo sonst in Europa wurden auf einem Fleck so viele Instrumente geschaffen, und das war umso erstaunlicher, als es sich dabei um eine bäuerliche Region handelte, nicht um kulturelle Zentren.

In den Marschen hatten damals reiche Bauern und gutbetuchte dörfliche Kaufleute das Sagen. Aus den Großstädten kannten sie prachtvolle Orgeln, und so etwas wollten sie daheim eben auch. Denn längst lebten die Ostfriesen auf ihren Warften nicht mehr isoliert vor sich hin, sondern pflegten einen regen Austausch mit den Metropolen, etwa mit den Hansestädten oder den niederländischen Häfen. Ihre Orgelbegeisterung muss sich im Lauf der Zeit zu regelrechter Leidenschaft ausgewachsen haben. Anders ist es nicht zu erklären, dass Pilger während einer Prozession von Leer nach Marienhafe tragbare Orgeln mit sich schleppten, quer durch Wiesen und Felder, wie Uda von der Nahmer berichtet.

Diese Freude am Orgelspiel ließ sich der Ostfriese von keinem verderben. Auch nicht von den neuen Kirchenlehrern, den Reformatoren, die um 1520 in die Region kamen. Denen war das kirchliche Orgelspiel ein Dorn im Auge. Also verboten sie es.

Wie das endete, kann man sich denken, wenn man die Friesen und ihre Geschichte ein wenig kennt: Das eine ist das Wort, das andere die Tat. Da die Orgeln den Gemeinden gehörten und nicht der Geistlichkeit, konnten die Dörfler das Verbot buchstäblich in den Wind schlagen. Lange vor Beginn des Gottesdienstes setzten sie sich in die Kirchenbänke, um den Klängen ihrer Orgel zu lauschen. Näherte sich der Pastor, beendete der Organist sein Spiel und verbarg das Instrument hinter den damals üblichen Flügeltüren, die das kostbare Werk schützten. Nach der Messe blieben die Schäfchen sitzen, jedoch nicht in stummer Andacht. Denn kaum war der Hirte wieder zur Tür hinaus, fing die Musik erneut zu spielen an. Nun ist so ein Instrument nicht eben leise. Das lässt darauf schließen, dass sich mancher Pastor schwerhöriger stellte, als er in Wirklichkeit war.

Das Verbot, das in Ostfriesland nie so recht galt, war Mitte des 17. Jahrhunderts endgültig Makulatur. Denn von nun an setzte sich die Orgel immer mehr als Gesangsbegleitung durch, was dem Orgelbau noch mal einen ganz neuen Entwicklungsschub verlieh und Instrumentenbauer auf den Plan rief, die bis heute unvergessen sind. Allen voran ihr Superstar: der Orgelbauer Arp Schnitger.

Der Großmeister

Schnitger war ein Instrumentenbauer aus der Wesermarsch, der von 1648 bis 1719 lebte und sich von Hamburg aus bald eine Monopolstellung im nordeuropäischen Raum sicherte. Der Bremer Musikwissenschaftler und Orgelspezialist Harald Vogel nennt Schnitger ohne jeden Abstrich den besten seiner Zunft: »Er war weltweit der bedeutendste Orgelbauer seiner Zeit. Keiner baute bessere Orgeln als er. Ob in Deutschland oder in den Niederlanden, in Italien oder in Frankreich, in Japan, Australien, Süd- oder Nordamerika: Überall gelten heute die Maßstäbe, die Arp Schnitger vor rund 300 Jahren gesetzt hat.«

Daher sind es vor allem seine Instrumente, die Fachleute aus aller Welt nach Ostfriesland reisen lassen. In der St. Ludgeri-Kirche in Norden steht die zweitgrößte in Deutschland erhaltene Orgel aus seiner Hand. Auf ihr wird regelmäßig gespielt.

Schnitger war ein gottesfürchtiger Mann. Aber mit Konkurrenten ging er nicht zimperlich um. Seine Werkstatt umfasste zahlreiche Schüler und Gesellen, und die griffen zu, sobald irgendwo eine Orgel in Auftrag gegeben wurde. Der Großmeister ließ sich vielfach Orgelbauprivilegien einräumen, also Monopole, im Gegenzug gewährte er Preisnachlässe. Damit hielt er seine Konkurrenten hinter sich, getreu dem Motto: Es kann nur einen geben.

Die Konkurrenten

Valentin Ulrich Grotian war einer der wenigen, die sich als eigenständige Meister neben Schnitger behaupten konnten, zumindest eine Zeit lang. Der Auricher Instrumentenbauer wirkte von 1688 bis etwas nach 1700 in Ostfriesland, und sein Glück war, dass Schnitger in Ostfriesland kein Privileg ergattern konnte. Grotian schuf ebenfalls herausragende Werke, zwar traditioneller in der Bauweise, aber von großem farbigen Klang. Dazu gehört das Instrument in Pilsum, das zu den bedeutendsten Barockorgeln in Ostfriesland zählt. Der größte Teil des Pfeifenwerks aus dem Jahr 1694 ist bis heute erhalten.

Mitte des 18. Jahrhunderts wurde die Welt der Orgelbauer heterogener. Arbeit gab es in Hülle und Fülle, selbst kleine Gemeinden leisteten sich prächtige Instrumente für ihre Dorfkirchen. In Ostfriesland machten sich vor allem die Orgelbauer Johann Friedrich Wenthin aus Emden und der Wittmunder Hinrich Just Müller einen Namen. Zwar standen sich auch diese zwei tüchtig auf den Füßen herum, trotzdem fand jeder sein Auskommen.

Feilschen um eine Orgel

Das zeigt ein Auftrag der ostfriesischen Gemeinde Middels über den Bau einer Orgel. Beide Meister waren zu den Vertragsverhandlungen geladen. Doch Wenthin, hieß es, »zeigte keine sonderliche Lust«, während Müller gleich drei Entwürfe auf den Tisch legte. Wie in unseren Tagen entschied sich die Gemeinde für sein günstigstes Angebot. Und dann wurde der Preis noch ein bisschen gedrückt. Müller klagte, dass Holz und Blei schon wieder teurer geworden seien. Die Gemeinde jedoch sah noch Spielraum – vor allem beim Tonumfang. Das große Cis sei ja »ein in einer kleinen Dorfkirche sehr entbehrlicher Ton«, meinten die Unterhändler. Den könne man weglassen, und schon habe man Blei gespart. Auch die Zimbelsterne, ein Glöckchenspiel, befand man als unnützes Spielzeug und strich sie kurzerhand.

Womöglich hatte Wenthin, der sich in Middels so zurückhaltend verhielt, die Feilscherei kommen sehen. Der Instrumentenbauer galt nicht gerade als Sparfuchs. Beim Bau seiner Orgel für die Große Kirche in Emden hatte er im Jahr 1779 den Etat gehörig überzogen. Statt der vereinbarten 12 000 Gulden zahlte die Gemeinde am Schluss mehr als 15 000 und kassierte dafür einen giftigen Vermerk der preußischen Rechnungskammer: »Es ist bei extraordinären Ausgaben, sehr verschwenderisch umgegangen …« Doch wen kümmerte das? Preußen war ja weit weg.

Diese Orgel hat den Zweiten Weltkrieg leider nicht überstanden. Dafür kann man in Groothusen die sogenannte »weiße Königin« besuchen: Wenthins prächtiges Instrument von 1801, mustergültig restauriert und in ihrem cremeweißen Anstrich mit goldenen Kanten eine einzige schimmernde Pracht.

Orgeln im Dornröschenschlaf

»Was steigt, muss fallen«, heißt es, und das galt auch für die ostfriesische Orgellandschaft. War die Region einst reich, verarmte sie im Lauf der Zeit immer mehr. Ende des 19. und Anfang des 20. Jahrhunderts erreichte der Orgelbau seinen Tiefpunkt. Die Kirchen konnten sich keine Neuanschaffungen mehr leisten, und so hielten sich die Instrumentenbauer mit Reparaturen über Wasser. Für die Orgeln selbst war die Mittellosigkeit ein Glücksfall, findet Uda von der Nahmer, blieben sie doch so zumindest erhalten: »Die große Freude über die vielen klangschönen Orgeln in Ostfriesland verdanken wir nicht nur den ehemals wohlhabenden ostfriesischen Kirchengemeinden, sondern sehr viel später auch ihren leeren Kassen. Viele Gemeinden hatten nicht einmal das Geld, ihre alte, reparaturbedürftige oder verstimmte Orgel zu entfernen, geschweige denn sich ein neues Instrument zu leisten. Also schliefen die Orgeln einen langen, tiefen Dornröschenschlaf, aus dem sie ab der Mitte des 20. Jahrhunderts nach und nach erweckt wurden.«

Es waren einige Prinzen nötig, die zum Wachküssen antraten. »Pioniere der ostfriesischen Orgellandschaft«, nennt sie von der Nahmer. Allen voran der Instrumentenbauer Jürgen Ahrend aus Leer, dessen Restaurationskunst weltweit bekannt wurde. Besondere Meriten hat Ahrend sich mit der Restaurierung der Schnitger-Orgel in der Norder St. Ludgeri-Kirche erworben. Vor allem, weil es ihm gelungen ist, den ursprünglichen Zustand des Instruments wieder hörbar zu machen. Ahrend führt die Tradition der großen ostfriesischen Orgelbauer fort. Das macht er so gut, dass zahlreiche Kenner der Materie von überallher anreisen, um dem Meister über die Schulter zu schauen. Das heißt, seinem Nachfolger: Inzwischen führt die Werkstatt Sohn Hendrik.

* aus: ›Windgesang‹, Uda von der Nahmer. Dieses Buch ist jedem ans Herz zu legen, der auf unterhaltsame Weise mehr über die ostfriesischen Orgeln erfahren möchte.

Wer ist die Schönste im Land?
Die prächtigsten Orgeln Ostfrieslands

Die Älteste: Rysum, Ev.-ref. Kirche, gotische Orgel eines unbekannten Meisters, erbaut 1457, 7 Register, 1 Manual

Die Berühmteste: Norden, St. Ludgeri, Schnitger-Orgel, erbaut 1686–88; restauriert durch Jürgen Ahrend (1981–85); 46 Register, 3 Manuale

Die Größte: ebenfalls die Norder Schnitger-Orgel in St. Ludgeri

Die Schönste: Über Geschmack soll man nicht streiten, aber für viele ist die Groothuser Wenthin-Orgel die Schönste unter der Sonne; Groothusen, Ev.-ref. Kirche, erbaut von Wenthin 1798–1801; 19 Register, 2 Manuale

Klangverwöhntes Ostfriesland

Und wie sieht das heute aus mit Ostfriesland und der Hochkultur? Deutlich besser als erwartet, auch wenn dem Landstrich die Metropolen fehlen. Was gleich eine wichtige Lektion für Zugereiste enthält: Unterschätze nie die Ostfriesen. Denn im Schatten der großen Events haben sich hier etwas kleinere, aber durchaus sehr feine Kunststätten und kulturelle Veranstaltungen etabliert, die keinen Vergleich mit ihren illustren Konkurrenten scheuen müssen. Auf musikalischem Gebiet hat der Ostfriese mit seiner Orgellandschaft sogar einen Heimvorteil: Monatelang kann er herausragende Konzerte besuchen und international bekannten Organisten zuhören, wie etwa dem Schweizer Guy Bovet oder dem ungarischen Organisten und Komponisten Zsigmond Szathmáry, die beide im Rahmen des *Krummhörner Orgelfrühlings* aufgetreten sind.

Aber auch Thiemo Janssen, der Organist der

St. Ludgeri-Kirche in Norden, bringt seine Musik unter die Leute, originellerweise sogar zu Zeiten des Wochenmarkts. Wer im Sommer samstags seinen Einkauf beisammen hat, kann sich in die Kirchenbank setzen, dem Musiker und seinen Kollegen zuhören und sich daran erinnern, dass der Mensch nicht nur von irdischer, sondern auch von geistiger Nahrung lebt.

In Sachen Orgel schöpft der Ostfriese also weiterhin aus dem Vollen, in der warmen Jahreszeit reiht sich ein Festival ans andere: Auf den *Krummhörner Orgelfrühling* folgt der *Orgelsommer von Marienhafe*, dann der *Internationale Leeraner Orgelsommer*, und zwischendurch lugt immer wieder der *Norder Orgelsommer* im Rahmen der *Gezeitenkonzerte* hervor.

Musikwochen satt

Aber auch jenseits von Orgeln und Wind gibt es in Ostfriesland mächtig was auf die Ohren. Nicht immer geht es dabei konfliktfrei zu. So sind die *Gezeitenkonzerte* aus einem Streit entstanden. Die Gründerfamilie der etablierten Konzertreihe *Musikalischer Sommer* und der Kulturverband Ostfriesische Landschaft überwarfen sich heillos miteinander, so dass man inzwischen getrennte Wege geht und zwei unterschiedliche Konzertreihen veranstaltet.

Vielleicht ist das Glück im Unglück, denn so kommt man in Ostfriesland während des Sommers nahezu ununterbrochen in den Genuss großer Musik.

Die *Gezeitenkonzerte* gibt es seit 2012. Renommierte Musiker und Nachwuchskünstler, liebevoll »Gipfelstürmer« genannt, spielen sechs Wochen lang an unterschiedlichen Orten auf der ostfriesischen Halbinsel. 2014 konnte man beispielsweise Julian Steckel mit seinem Cello hören oder den Senkrechtstarter Nils Mönkemeyer mit der Bratsche sowie die norwegische Trompeterin Tine Thing Helseth, die zu den besten Solistinnen ihrer Generation zählt.

Die neue Konzertreihe nimmt sich dabei viel Zeit: Von Ende Juni bis Mitte August gibt es mehrmals in der Woche klassische Konzerte, aber auch Jazziges, Percussion, Rezitationsabende und Mitmach-Musicals für Kinder. Und da der Mensch nicht nur von geistiger, sondern auch von irdischer Nahrung lebt, organisieren die Veranstalter im Nebenprogramm Picknicks, bei denen man in den Holter Hammrich hinausspaziert – ein Wiesen- und Wasservogelparadies – oder ins Moor bei Münkeboe. Bei einem Tässchen Tee und friesischem *Krintstuut* (Rosinenbrot) erfährt man viel Wissenswertes über die Landschaft und ihre Bewohner. Wer nicht so gern im Freien futtert, hat an anderen Tagen Gelegenheit zu Streifzügen durch Museen und Kunstvereine.

Und dann ist da der alteingesessene *Musikalische*

Sommer. Seit 30 Jahren ist er eine echte Institution. Er bringt große Stars nach Ostfriesland sowie große Orchester und darf sich »Kultureller Leuchtturm Niedersachsens« nennen. Das Festival findet drei Wochen lang im August statt, wobei an jedem Tag mindestens ein Konzert zur Aufführung kommt. Im vergangenen Jahr brachte der *Musikalische Sommer* zu seinem 30. Geburtstag 320 Künstler aus mehr als 20 Ländern an die Küste, darunter Weltstars wie die japanische Geigerin Midori.

Die Emder Kunsthalle: ein leuchtender Stern

Sie ist so etwas wie der zweite Stern des Stifters Henri Nannen und strahlt weit über Emden hinaus. 1986 wurde die Emder Kunsthalle vom früheren Chefredakteur des Magazins »Stern« und seiner Frau Eske Nannen gegründet. Der gebürtige Emder schenkte seiner Heimatstadt dieses Museum, in das er seine private Gemäldesammlung einbrachte und auch sein gesamtes Vermögen investierte. Im Jahr 2000 kam eine weitere Schenkung des Sammlers Otto van de Loo hinzu. Das Museum beherbergt herausragende Werke des 20. und 21. Jahrhunderts. Das Herzstück bildet die Kunst des deutschen Expressionismus sowie der Neuen Sachlichkeit mit Bildern von Emil Nolde, Ernst Ludwig Kirchner oder Max Pechstein. Aber auch die Gegenwartskunst kann sich sehen lassen: Es gibt Ausstellungen zeitgenössischer Fotokünstler und Exponate der Neo-Expressionisten. Pro Jahr werden vier bis fünf verschiedene Schauen gezeigt. Wer will, kann sogar selbst zum Künstler werden. Der Stifterin Eske Nannen ist die Kunstvermittlung ein Herzensanliegen. Deshalb kann man nun am Projekt »Labor im Museum« teilnehmen. Besucher sind eingeladen, sich von den Sammlungen inspirieren zu lassen und eigene Werke anzufertigen. Museumspädagogen begleiten sie dabei.

Franz-Radziwill-Haus in Varel:
Wenn Ostfriesland selbst zur Kunst wird

Am Rand der ostfriesischen Halbinsel liegt das Wohnhaus des Malers Franz Radziwill (1895–1983). Er lebte mehr als 60 Jahre in Dangast am Jadebusen. Sein Haus, das auch zugleich sein Atelier war, ist der Öffentlichkeit zugänglich. Radziwills Bilder sind wahre Naturgewalten, so wuchtig und dunkel wie ein herannahendes Unwetter.

Das hat seinen Grund: Der knorrige Maler war durch und durch mit der norddeutschen Landschaft verwachsen, sie stand im Zentrum seines Schaffens. Der weite Himmel, das aufgewühlte Meer, die raue Küstenlandschaft waren ihm Kraftquelle und Inspiration. Darüber hinaus galt Radziwill als aktiver Umweltschützer und übernahm ehrenamtlich den Part des Vogelschutzwarts am Jadebusen. Von ihm ist der Ausspruch überliefert: »Eine gute Landschaft zu erhalten ist genauso wichtig wie gute Bilder zu malen.«

Sein umweltschützerisches Vermächtnis lebt in seiner Tochter Konstanze weiter. Denn neuerdings gibt es Ärger im beschaulichen Künstlerdorf Dangast. Konstanze Radziwill spricht für die Bürgerinitiative Dangast, die sich gegen einen Neubau am Deich wendet. Nach ihren Worten soll dort ein »Klotz am Meer« entstehen, gegen den ihr Vater sicher genauso Sturm gelaufen wäre, wie sie es heute tut.

Ist das Kunst, oder kann das weg?
Ostfrieslands kulturelle Experimente

Um es vorwegzunehmen: Nein. Das, was jetzt kommt, kann definitiv nicht weg. Möglicherweise erlangt es nicht die Weihen der hohen Kunst, aber es ist das, was Kunst und Kultur so spannend macht: Es ist neu, es ist anders, und es steckt voller Lust am Experimentieren.

Science-Fiction-Literaturtage

Ins Leben gerufen vom Leeraner Journalisten Norbert Fiks und unterstützt vom Science-Fiction-Club Deutschland, wurden die *Science-Fiction-Literatur-*

tage im Herbst 2014 aus der Taufe gehoben. Schon mal ein Hingucker war das Motto: *Hinterm Mond*. Eine schlaue Wahl. Schließlich spielt sich Science-Fiction-Literatur häufig in den Weiten des Universums ab, und Ostfrieslands Ruf als eher abseits gelegene Kulturstätte kam man so auch entgegen.

Nach Angaben des Veranstalters fanden sich »vier der besten deutschen Science-Fiction-Schriftsteller« (allesamt Preisträger) und ein Newcomer im Kulturspeicher von Leer ein, um aus ihren Werken zu lesen: Oliver Henkel, Heidrun Jänchen, Karsten Kruschel, Axel Kruse sowie Ralf Boldt mit seinem Erstlingsroman. Den Mondfliegern ist zu wünschen, dass ihre Experimente reiche Frucht tragen, die Veranstaltung soll in den nächsten Jahren wieder stattfinden.

Ostfriesische Krimitage

Alteingesessen, wenn auch blutrünstig, nehmen sich dagegen die *Ostfriesischen Krimitage* aus. Sie werden seit 1999 vom Autor und Verlagsleiter Peter Gerdes veranstaltet. Er lebt in Leer und betreibt neben dem Schreiben und Verlegen die Krimibuchhandlung »Tatort Taraxacum«. Inzwischen hat sich der Ostfriesen-Krimi zu einem eigenen Genre ausgewachsen und macht mit so eingängigen Titeln wie ›Fiese Friesen‹ (Kurzkrimis) oder ›Flossen hoch‹ auf sich aufmerksam.

»Das Krimifestival im Mordwesten« findet stilsicher im nebligen November statt und dauert etwa drei Wochen. Neben den Lesungen gibt es auch kriminelle Stadtführungen, blutige Weinproben und Krimi-Shows – wer etwas zu verbergen hat, verschafft sich hier mit Sicherheit ein wasserdichtes Alibi.

Ostfriesischer Kleinkunstpreis

Wo, wenn nicht hier? Natürlich hat Ostfriesland einen Humor-Wettbewerb in den Sparten Comedy, Kabarett, Musik, Kleinkunst und Co. Allerdings erst seit 2013, und das verwundert dann doch. Aber Schwamm drüber, nun wird um die Wette gelacht und gefightet. Zu verdanken ist der *Ostfriesische Kleinkunstpreis* dem Kabarettisten Holger Müller, dessen Kultfigur »Ausbilder Schmidt« (»Morgen, ihr Luschen!«) schon im Kino zu sehen war. Müller betreibt in Pilsum eine Kleinkunstbühne und ist der künstlerische Leiter des Kleinkunstpreises.

2014 gewann der Brandenburger Musik-Kabarettist Michael Sens in einem furiosen Finale, bei dem sich der Moderator wunderte, dass die Tasten des Pianos heil geblieben sind. Die Veranstalter legen Wert auf die Tatsache, dass der Ostfriesische Kleinkunstpreis kein Nachwuchspreis ist, sondern Profi-Künstlern vorbehalten. Es sei denn, man ist

Einheimischer: Für ostfriesische Novizen der Kleinkunst gibt es eine Wildcard und einen Auftritt, bei dem sie sich bewähren müssen. Der Frischling, der am besten beim Publikum ankommt, darf gegen die Profis antreten.

Der Sieger erhält eine Trophäe, die mindestens so originell ist wie das Bühnenprogramm. Sie nennt sich *Viegöök* (das heißt auf Plattdeutsch so viel wie »komische Figur«) und ist in der Tat eine sonderbare Skulptur – halb Dino, halb Ente. Sie steht aufrecht, zeigt dabei einen kräftigen Ausfallschritt und stammt aus der Werkstatt des Leeraner Skulpturenschöpfers Jens Pauw.

Diesem ostfriesischen Tausendsassa müssen unbedingt ein paar Zeilen gewidmet werden, ist er doch ein leuchtendes Beispiel für kreativen Wahnsinn à la Waterkant. Der 52-jährige Künstler aus Leer entwirft und baut Phantasiegeschöpfe für Filmproduktionen und Bühnenshows, etwa für den Hundeversteher Martin Rütter oder den Comedian Atze Schröder. Dessen Liveshow zierten drei riesige weiße Bären aus der Hand von Jens Pauw, die sich aufblasen ließen und fast vier Meter groß waren.

Was macht Jens Pauw noch?

- dreifacher Rekordhalter für überdimensionierte Tüten (Eintrag im Guinness-Buch der Rekorde)

- Erfinder der Bierhenkelwurst. Die Würste ersparen den Kellnern einen Serviergang, da man sie dank des Knicks an einem der Enden bequem ans Bierglas hängen kann – sehr hilfreich in überfüllten bayrischen Bierzelten; hat sich bislang allerdings noch nicht durchgesetzt.

- Erfinder der Kuhfladen-Uhr (mit Bernd Eilts), es handelte sich dabei um das getrocknete und laminierte Enddarmprodukt einer der zahlreichen ostfriesischen Milchkühe, in dessen Mitte eine Wanduhr eingelassen war. Die voll funktionsfähigen Uhren konnten in einer Ausstellung in der Krummhörn besichtigt werden und erreichten sogar Südkorea, dank einer Fernsehreportage des südkoreanischen Senders MBC.

Plattdeutsches Theater: ganz oder gar nicht

Das niederdeutsche Theater ist »immaterielles Kulturerbe« der UNESCO geworden. Das Land Niedersachsen hatte es 2014 ins Rennen um die begehrte Auszeichnung geschickt, gilt doch das Spiel der annähernd 4500 norddeutschen Theatergruppen als einer der stärksten Multiplikatoren der plattdeutschen Sprache. Und nicht nur das: Die »Spöldeelen« haben eine lange, manchmal sogar jahrhundertealte Tradition. In den ersten Dekaden des 20. Jahrhunderts erlebten sie eine regelrechte Blüte, so dass einige Spielvereinigungen heute ihre 80- bis 100-jährigen

Jubiläen feiern. Darunter sind so berühmte wie das Hamburger Ohnsorg-Theater, aber auch, und das gilt vor allem für Ostfriesland, zahlreiche Laienspielgruppen, die meist schlichte Namen tragen wie etwa das »Niederdeutsche Theater Aurich«. Diese Spöldeel gründete sich im Jahr 1923. Ihr erstes Stück hieß »Hinnerk un Tätje hebben Geld wunnen« (Hinnerk und Tätje haben Geld gewonnen), was nicht ganz frei von Komik ist, da man für die Aufführungen damals noch eine Lustbarkeitssteuer an die Kommune abführen musste. Doch die Leute rannten in das neue Volkstheater, und so hatten die Laienspieler am Ende doch wieder »Geld wunnen«.

Das zumindest ist bis heute so geblieben: Die Ostfriesen lieben ihre Spöldeelen. Wer nicht selbst in einer mitspielt, besucht zumindest ihre Vorstellungen. Oder wirkt beim Bühnenaufbau mit. Oder lässt sich breitschlagen, bei den Kostümen zu helfen. Die Ensembles der Gruppen sind meistens sehr zahlreich, 40 bis 60 Mitglieder sind keine Seltenheit, weil jede helfende Hand dringend gebraucht wird. Wenn es ernst wird, kommen ganze Boßelgruppen zusammen, um Kulissen zu basteln und Möbel zu schleppen, die oftmals von lokalen Händlern als Leihgaben zur Verfügung gestellt werden. Die meisten Spielvereinigungen schaffen pro Jahr ein Stück, das im Herbst oder Winter aufgeführt wird, nur wenige kommen auf zwei. Aber dann geben sie mitunter alles, so wie das

Ensemble des Niederdeutschen Theaters Aurich im Jahr 2013, als ihre Spöldeel 90 Jahre alt wurde. Die Bühnenleiterin Herma Cornelia Janssen hatte das Stück »Bloot Foten bit an d' Hals« (Barfuß bis zum Hals) zur Aufführung gebracht, die Bühnenadaption des britischen Films »The Full Monty« (Ganz oder gar nicht), in dem ein paar Arbeitslose auf die Idee kommen, eine Männerstrip-Gruppe zu gründen, um ihre Kasse aufzubessern. Am Ende des turbulenten Abends standen sechs ostfriesische Beaus auf der Bühne, bei denen sich der Kritiker fragte: »Wer oder was formte diese Körper?« Das Stück bekam durch die Bank jubelnde Pressestimmen, und im Gästebuch finden sich bis heute Aufzeichnungen wie diese: »Danke für die Lachmuskelzerrung, danke für die Schnappatmung!« Mehr kann man nicht erreichen.

Van vörn as'n Reh, van achtern as'n Peerd.

(Von vorn wie ein Reh, von hinten wie ein Pferd.
Heißt: Jemand ist anders, als er scheint.)

Geschichte

Ab 38 000 v. Chr.

**Land der Entdeckungen:
archäologische Funde aus Ostfriesland**

Wann kamen sie, wann ließen sie sich nieder? Und wer waren sie überhaupt? Ein blattförmiger Schaber, den man unlängst in Holtland im Landkreis Leer fand, ist das erste Anzeichen dafür, dass sich Neandertaler in Ostfriesland aufgehalten haben, mehr als 38 000 Jahre vor unserer Zeitrechnung. Eine sesshafte Bauernkultur, die sich vollständig von Ackerbau und Viehzucht ernährte, lässt sich um 4000 v. Chr. im friesischen Küstenraum lokalisieren. Wo immer Menschen sich aufhielten, hinterließen sie Spuren. So stammt das bislang erste ostfriesische Haus, dessen Überreste man bei Hesel gefunden hat, aus der Zeit um 1950 v. Chr. Experten aus den Niederlanden und Deutschland haben unter der Leitung der Ostfriesischen Landschaft Höhepunkte archäologischer Forschung in der Küstenregion zusammengetragen, die sie in einem Buch sowie großangelegten Ausstellungen in beiden Ländern vorstellten.

Zehn spannende Funde aus der Küstenregion

Fund	Was ist das?
Goldscheibe von Moordorf, etwa 1500 v. Chr.	Bedeutendster Fund aus der Bronzezeit, dünne goldene Scheibe; Niedersächsisches Landesmuseum Hannover
Moorleiche von Bernuthsfeld, 650–830 n. Chr.	Fast vollständiges Skelett eines erwachsenen Mannes; Ostfriesisches Landesmuseum Emden
Goldene Fibel mit Mondstein, 11./12. Jh. n. Chr.	Schmucknadel mit Stein, gefunden in Hevekes/ Prov. Groningen; Groninger Museum
Die Maske von Middelstum, 6./5. Jh. v. Chr.	Fragment einer tönernen Gesichtsmaske; Groninger Museum
Opfermesser von Appelscha, Bronzezeit (etwa 2200 bis 800 v. Chr.)	Messer aus Bronze, in einem Stück gegossen; Fries Museum Leeuwarden
Knochenkästchen aus Emden, 11. Jh. n. Chr.	Lindenholzkästchen mit Applikationen aus Knochen; Niedersächsisches Institut für historische Küstenforschung, Wilhelmshaven

Schatzfund vom Kloster Barthe, ab 14. Jh. (Münzen ab dem 16. Jh. n. Chr.)	Schmuckstücke aus vergoldetem Silber, Gewandspangen, Ohrgehänge, Münzen; Ostfriesisches Landesmuseum Emden
Goldener Fingerring aus Meinersfehn, Mitte 4. Jh. n. Chr.	Frauenring aus massivem Gold; Niedersächsisches Landesmuseum Hannover
Hortfund von Plaggenburg, Ende der Bronzezeit, 650–475 v. Chr.	Schmuck und Werkzeuge; Niedersächsisches Landesmuseum Hannover; Torfmuseum im Schloss Landestrost, Neustadt a. Rübenberge
Einbaum von Jemgum, 7. Jh. n. Chr.	Erhaltene Länge etwa 4,70 Meter; Ostfriesische Landschaft, Aurich

Ab 1000 n. Chr.

Deichbau: Die See muss draußen bleiben

Als habe er in den Schlund der Hölle geblickt, so gerierte sich Plinius der Ältere. Längst wieder zurück im sonnigen Italien, erinnerte sich der römische Geschichtsschreiber im Jahr 59 n. Chr. mit Schaudern daran, was er an der deutschen Nordseeküste gesehen hatte: ein Meer, das zweimal am

Tag »in gewaltigem Ansturm« heranrauscht und das Land verschluckt. »Ein beklagenswertes Volk«, das auf Erdhügeln hausen muss, um sich gegen diese See zu wappnen. Vieh halten können sie dort oben nicht, »mit ihren Händen ergreifen sie Schlamm, den sie mehr durch den Wind als an der Sonne trocknen. Darauf kochen sie ihre Speisen und erwärmen die durch den Nordwind erstarrten Glieder.« Sie ernähren sich von Fischen, die ihnen das ablaufende Wasser zurücklässt. Und überhaupt diese Erdhügel – mit bloßen Händen aufgeworfen! Und nur Regenwasser zu trinken! Spätestens an dieser Stelle hat er sicher zum Kelch gegriffen, der geschockte Plinius, und sich einen Schluck vom besten römischen Rotwein genehmigt. Dann machte er weiter mit seinen Aufzeichnungen aus einem schaurigen Land.

Der goldene Ring

Etwa 1100 Jahre später hätte der Römer mit Wohlwollen auf den Küstenstreifen geblickt. Da war der Deichbau bereits in vollem Gang, und das windzerzauste Land hatte sich sehr verändert. Um 1000 n. Chr., so vermutet man – die Anfänge des Deichbaus liegen wie so vieles im Dunkeln –, haben die Friesen sich zusammengerauft, um ihr Land vom Meer abzuriegeln: durch einen »goldenen Ring«. Von diesem Ring ist im Jahr 1300 in einer Rechtsschrift die Rede: »Das ist auch Landrecht«, heißt es da, »dass wir Friesen eine Seeburg stiften und stärken müssen, einen goldenen Reif, der um ganz Friesland liegt.«

Wie muss man sich das vorstellen – einen Deich, der einen geschlossenen Ring ergibt und keine gerade Linie? Genau so. Die Leute saßen ja schon auf den Warften, den von Plinius geschmähten Erdhügeln. Diese galt es, durch Deiche miteinander zu verbinden. Und damit war sie geschaffen, die Seeburg, die das Meer aussperrte. Diese flurumfassenden Deiche gehörten zur ersten Phase des Deichbaus. Sie waren etwa einen Meter hoch und damit nur als Sommerdeich zu gebrauchen, denn den Wintersturmfluten hielten sie keinesfalls stand. Aber zumindest konnte man so die Grünflächen und Äcker während der fruchtbaren Jahreszeiten besser vor dem Salzwasser schützen. Schließlich, im 13. Jahrhundert, kam der eigentliche Deich hinzu, der sich die gesamte friesische Nordseeküste entlangzog: ein mächtiges Bauwerk, das die Friesen jahrhundertelang in Atem gehalten hatte und bis zum heutigen Tag beschäftigt. Im Hochmittelalter waren die friesischen Bauern wohlhabend geworden. Sie konnten sich diese Arbeit leisten. Allerdings musste jeder von ihnen mit anpacken, am Deich schuften und seinen Teil der Kosten tragen.

»Well neeit will dieken, mutt wieken!«

Wer nicht deichen will, muss weichen, hieß es kategorisch. Und das konnte bitter werden. Viel zu oft überspülte die Flut den frisch aufgeschütteten Erdwall. Manchem Bauern ging da die Luft aus. Wer seinen Abschnitt nicht mehr instand halten konnte, nahm seinen Spaten und stach ihn in den Deich. Das war das Zeichen, dass er aufgab. Dann kam ein anderer und übernahm dessen Pflichten – und den Grund und Boden dazu.

Der Deichbau war nur der Anfang. Bald wurde offensichtlich, dass auch entwässert werden musste. Denn wo früher das Wasser einfach abgeflossen wäre, stand jetzt der aufgeschüttete Wall im Weg. Siele waren die einfache, aber praktische Lösung: Das waren Durchlässe im Deich, versehen mit Toren, die sich mit den Gezeiten selbsttätig öffnen und schließen konnten. Gräben durchzogen die Felder, nahmen das Wasser auf, ließen es zum Deich und dann durch die Sieltore hinaus in die See strömen.

Eine Tropenkrankheit an der Nordsee

Doch es war nicht alles Gold mit den Deichen, sie brachten auch Nachteile mit sich. Manche bemerkte man erst im Nachhinein. Offensichtlich war, dass die Flut sich nun vor den Erdwällen staute und dadurch höher auflief. Der starke Druck ließ die Deiche oftmals einbrechen. Zweitens sanken durch die notwendig gewordene Entwässerung die Böden ab, viele Flächen lagen bald unterhalb des Meeresspiegels. Dies wiederum machte es schwierig, die Böden trockenzulegen, sobald sie überflutet worden waren. Zu guter Letzt blieben die Sedimente aus, die das Meer regelmäßig aufs Land getragen und dort abgelagert hatte, was einen Flächenzuwachs zur Folge gehabt hatte. Wolfgang Meiners, der Vorsitzende der BUND-Kreisgruppe Wesermarsch, beschreibt dies in seiner Abhandlung »Mythos vom nassen Tod« wie folgt: »Die beliebte Annahme, dass die See unerbittlich gen Süden drängt, sofern sich der deichbauende Mensch nicht in heroischer Aufbäumung dagegenstemmt, ist ein Mythos, ist Klitterung der Erdgeschichte. Das Gegenteil macht Sinn: Die See hat sich über die Jahrtausende per Sedimentierung selbst am Vormarsch gehindert.«

Die Ostfriesen zahlten also einen Preis für ihren Deichbau, den sie nicht nur in Arbeitskraft und barer Münze entrichten mussten. Bald hatten sie noch eine unbekannte Plage am Hals: Malaria. Eine Tropenkrankheit an der kalten norddeutschen Küste? Und ob. Wo nicht mehr regelmäßig das Salzwasser die Wiesen fluten konnte, blieb Brackwasser stehen. Darin wuchs Schilf – eine ideale Mückenbrutstätte. Malaria wurde den Friesen im Lauf der Zeit so vertraut, dass sie die Krankheit Marschenfieber nannten, ganz so, als wäre sie in Ostfriesland schon immer an der Tagesordnung gewesen. Plinius der Ältere, der die Malaria von seiner Heimat gut kannte, hätte sich an der Nordseeküste spätestens jetzt wie zu Hause gefühlt.

Deichbau in Zahlen

Ostfriesland hat etwa **200 Kilometer** Küstenlinie. Rund **1000 Kilometer** Deiche wurden errichtet. Bei einem mittleren Querschnitt von **100 Quadratmetern** wurden dafür circa **100 Kubikmeter** Boden bewegt, das sind **8 Millionen** Waggons zu **25 Tonnen** oder ein Zug von **80 000 Kilometer** Länge. Heute gibt es an den ostfriesischen Küsten etwa **195 Kilometer** Hauptdeiche mit schwerem Deckwerk, außerdem **29 Kilometer** auf den Inseln und **80 Kilometer** Schutzdünen mit Hauptdeichfunktion.

Quelle: Heie F. Erchinger, Geschichte des Deichbaus in Ostfriesland

1349–1362
Pest und Flut: Ostfrieslands apokalyptische Reiter

Wer zwischen 1349 und 1362 in Ostfriesland lebte, musste glauben, der liebe Gott habe sich ganz und gar von seinem Küstenvolk abgewandt. Gleich zwei Katastrophen biblischen Ausmaßes brachen in diesem kurzen Zeitraum über die Ostfriesen herein. Die erste entvölkerte die Region, die zweite riss das Land mit sich. Die Rede ist von der Pestepidemie im Jahr 1349 und der Zweiten Marcellus-Flut 1362, auch die »Grote Mandränke« (Große Manntränke) genannt.

Der Schwarze Tod

Die Pest hatte schon einmal Europa heimgesucht, aber das war im 6. bis 8. Jahrhundert gewesen. Daran erinnerte sich niemand mehr. Daher traf der Schwarze Tod, wie die Seuche auch genannt wurde, auf gänzlich ahnungslose Menschen, als er im Jahr 1347 von Südrussland kommend über Europa hereinbrach. Niemand hatte eine Erklärung dafür, warum sich beim Nachbarn oder bei den eigenen Kindern plötzlich die Haut schwarz färbte, warum hühnereigroße Beulen in den Achseln heranwuchsen, warum Menschen zu husten begannen, ihre Lippen sich blau verfärbten und sie nach zwei, drei Tagen tot waren, egal, was man auch unternahm. Die Ärzte waren hilflos. Giftige Winde aus Asien hätten die Krankheit herangetragen, so glaubten sie, oder bestimmte Sternenkonstellationen seien für das Unglück verantwortlich. Vielerorts hatte man auch die Juden als Schuldige ausgemacht, man bezichtigte sie der Brunnenvergiftung und ermordete sie erbarmungslos.

Ende 1349 war die Pest an der deutschen Nordseeküste angekommen. Ostfriesland und Hamburg boten ihr durch die Häfen geeignete Einfallstore. Wie viele Menschen an der Seuche starben, weiß man nicht, über die damalige Bevölkerungszahl existieren nur Schätzungen. Der Historiker Neithard Bulst, der zu den Pandemien des Mittelalters geforscht hat, nimmt für das gesamte Land Niedersachsen eine Sterblichkeitsrate von etwa 30 Prozent der Bevölkerung an. Andere Schätzungen vermuten, dass die Pest sogar die Hälfte der damaligen Einwohner dahinraffte.

Weil die Krankheit so unbarmherzig wütete, griffen im Januar 1350 zwei ostfriesische Gemeinden zu einer verzweifelten Tat. Sie verschenkten ihre Kirche an das Dominikanerkloster in Norden, um Gottes Zorn zu besänftigen. Doch Gott ließ sich Zeit. Erst im Lauf des Jahres 1351 zog sich der Schwarze Tod aus Ostfriesland zurück, und zwar so rasch und lautlos, wie er gekommen war. Aber noch jahrhundertelang, bis zum Ende des 18. Jahrhunderts, suchte er den Landstrich immer wieder heim.

Die Grote Mandränke

Die Jahre nach der Pandemie waren für die Menschen an der Küste eine bittere Zeit. Die Missernten häuften sich, und so kam es, dass man mit Sorge auf das dürre Land starrte, aber nicht auf das Meer. Die Deiche waren niedrig, ihre Pflege wurde vernachlässigt. Da zog in der Nacht des 15. Januar 1362 ein Sturm herauf, wie man ihn seit Menschengedenken nicht erlebt hatte. Ein Dominikanerpater aus dem Kloster zu Norden saß wach in seiner Kammer. Für die Nachwelt hielt er fest, was sich draußen vor seinem Fenster zutrug:

»In der Nacht auf den Marcellustag um Mitternacht erhob sich ein so fürchterlicher Sturm, dass die festesten Gebäude sowie Kirchen und Türme einstürzten und die dicksten Bäume umgeweht wurden.«

Darunter war auch der Turm seines eigenen Klosters.

»Er rief eine Flut hervor, die die Westermarsch und auch einen Teil Ostfrieslands überschwemmte.«

Der Pater wurde Zeuge, wie das Meer aufs Land drängte, zwei Tage lang, ohne Unterbrechung. *»Überall brechen die Deiche. Das Vieh in den Ställen ertrinkt. Die Menschen kämpfen gegen die Fluten, doch der Kampf ist völlig aussichtslos. Die ungeheuren Wassermassen reißen alles mit sich, was sich ihnen in* *den Weg stellt.«* Erst am 17. Januar floss das Wasser wieder ab. Das war die Grote Mandränke, die Tausenden Menschen den Tod brachte.

Trutz, Blanke Hans

In seiner Ballade »Trutz, Blanke Hans« spricht der norddeutsche Dichter Detlev von Liliencron sogar von Hunderttausenden, aber diese Zahl ist deutlich zu hoch gegriffen, wie man heute weiß. Allerdings drückt sie den Schrecken aus, der sich bis in die jüngste Vergangenheit mit dieser Flut verbindet und zahlreiche Legenden um sie herum entstehen ließ.

Daher sind einige Überlieferungen mit Vorsicht zu genießen, vor allem was die Veränderungen der Küstenlinie betrifft. Ob zum Beispiel der Dollart, die große Meeresbucht bei Emden, tatsächlich mit der Flut 1362 entstanden ist, muss angezweifelt werden. Auch dass im Zuge seiner Entstehung um die 30 Dörfer im Meer verschwanden, ist nicht belegt.

Historische schwere Sturmfluten an der deutschen Nordseeküste

Erste Julianen-Flut	1164
Erste Marcellus-Flut	1219
Erste Weihnachtsflut	1277
Lucia-Flut	1287

Clemens-Flut	1334
Zweite Marcellus-Flut	1362
Erste Dionysius-Flut	1373 oder 1374
Zweite Dionysius-Flut	1375 oder 1377
Elisabeth-Flut	1421
Cosmas- und Damian-Flut	1509
Antonius-Flut	1511
Allerheiligenflut	1570
Fastnachtsflut	1625
Zweite Grote Mandränke	1634
Petri-Flut	1651
Zweite Weihnachtsflut	1717
Februarflut	1825
Zweite Julianen-Flut	1962

Ab ca. 9. Jh.

Die Friesische Freiheit: ein Sonderfall der Geschichte

Die »Friesische Freiheit« gehört für die Ostfriesen zum Herzstück ihrer bewegten Geschichte. Sie hat sehr viel zum regionalen Stolz beigetragen und ist im Bewusstsein der Menschen nach wie vor lebendig. Deshalb wird jeder Besucher auch gleich bei der Einreise mit ihr bekannt gemacht. Wer auf der A28 bei Filsum oder der A31 bei Neermoor in die Region hineinfährt, passiert jeweils ein großes Hinweisschild mit der Aufschrift »Ostfriesland – Friesische Freiheit«.

Was hat es damit auf sich?

Die Friesische Freiheit ist eine Besonderheit in der deutschen Geschichte: Das frühe Mittelalter war feudalistisch geprägt, alle Ländereien und Gemeinden befanden sich in der Hand von Adligen oder des Klerus, die als kleine, feine Oberschicht über die Einwohnerschaft herrschten. Über alle Einwohner? Nein. Ein von unbeugsamen Ostfriesen bevölkerter Landstrich hörte nicht auf, dem Eindringling Widerstand zu leisten … Ganz so wie bei Asterix war es nicht, aber dies zumindest trifft zu: Die Ostfriesen haben es jahrhundertelang geschafft, sich dem Zugriff der Fremdherrschaft zu entziehen. Das feudale Lehnswesen und die damit verbundene Abhängigkeit von einem Lehnsherrn konnten sich bei den ostfriesischen Bauern nicht durchsetzen. Sie blieben freie Menschen und niemandem außer dem König verpflichtet, und der war immer weit weg.

Das königsfernste Gebiet

Die Ostfriesen verwalteten sich selbst. Sie blieben Herr über ihr Eigentum, sprachen selbst Recht, mussten außerhalb ihrer Grenzen keinen Heeresdienst leisten und waren von allen Steuern befreit, abgesehen vom sogenannten Königszins, der direkt an den Monarchen ging. Um ihre Angelegenheiten zu regeln, organisierten sie sich genossenschaftlich in ihren Landesgemeinden und schickten gewählte Abgesandte alljährlich zu einer Versammlungsstätte: »Durch uns selbst, indem wir jährlich unsere Richter wählen, regieren wir unser Volk«, gaben ostfriesische Richter im ausgehenden 13. Jahrhundert stolz dem französischen König zu verstehen.

Wie kam es zu diesem Unikum der Geschichte?

Über Anfang und Ende der Friesischen Freiheit gibt es ziemlich widersprüchliche Angaben. Mal soll es Karl der Große gewesen sein, der den Ostfriesen das Recht verliehen hat, frei über sich selbst zu verfügen. Als Anerkennung, weil sie so tapfer für ihn gekämpft hätten, als es gegen die widerspenstige Stadt Rom ging. Andere Quellen nennen Karl den Dicken, der die Friesen für ihren Einsatz gegen die Normannen belohnen wollte. In beiden Fällen wäre der Anfang der Friesischen Freiheit irgendwo im 9. Jahrhundert auszumachen. Kritische Stimmen äußerten jedoch, für dieses Recht gebe es überhaupt keinen historischen Beleg, man habe vielmehr jahrhundertelang immer nur so getan als ob. Wenigstens bestätigte König Sigismund im Jahr 1417 das friesische Privileg und machte es amtlich. Einen Text, der das freie friesische Volk besingt, gab es allerdings schon weitaus früher. Er hat einige Berühmtheit erlangt, so dass man ihn heute noch kennt. Der englische Franziskaner Bartholomäus Anglicus verfasste ihn im Jahr 1240. Hier ein Auszug:

Friesische Freiheit

Der Stamm der Friesen ist nach außen frei,
keinem anderen Herren unterworfen.
Für die Freiheit gehen sie in den Tod, als dass sie sich mit
dem Joch
der Knechtschaft belasten ließen.
Sie unterstehen jedoch Richtern, die sie
jährlich aus ihrer Mitte wählen,
die das Staatswesen unter ihnen ordnen und regeln.

Stimmrecht der Vermögenden

Diese Richter, die sogenannten »Redjeven«, entstammten der Schicht wohlhabender Großbauern. Überhaupt war Wohlhabenheit ein Schlüssel der Friesischen Freiheit. Denn das Wahlrecht war an den Grundbesitz gebunden, so dass Habenichtse nicht nur kein Vermögen, sondern auch kein Stimmrecht hatten. Aus diesem Grund hält Gerd Steinwascher, Historiker und Leiter des Staatsarchivs in Oldenburg, die Friesische Freiheit auch für einen Mythos, zumindest aber für überschätzt. Schließlich hätten nur einige reiche Bauernfamilien das Sagen gehabt und sich dabei selbst wie kleine Adlige aufgeführt.

Immerhin – im Kreis der Wahlberechtigten ging es demokratisch zu, jede Stimme hatte dasselbe Gewicht. Sich quasi genossenschaftlich zu organisieren lag bei den Friesen schon aus historischen Gründen nahe. Wer seit Jahrhunderten zusammen Deiche errichtet, Kanäle zur Entwässerung gegraben und sich in Sturm und Flut beigestanden hatte, war mit dem Wesen einer genossenschaftlichen Organisation vertraut.

Die Abgesandten der autonomen Landesgemeinden kamen alljährlich nach Pfingsten an einem Versammlungsort zusammen, den sie Upstalsboom nannten. Diesen Ort gibt es heute noch, man findet ihn außerhalb von Aurich. Eine kleine Steinpyramide steht jetzt auf diesem Platz, der eigentlich ein Grabhügel aus dem frühen Mittelalter ist. Die Pyramide wurde 1833 errichtet, im Gedenken an die Vorfahren, die ein Gegenmodell zur feudalistischen Grundherrschaft vorgelebt hatten.

Derzeit gibt es eine Initiative von Natur- und Heimatverbänden, den Upstalsboom als Nationales Naturmonument in Niedersachsen anerkennen und unter besonderen Schutz stellen zu lassen – ein Novum, denn bislang wurde kein einziges Gebiet auf diese Weise ausgezeichnet.

Und das Ende?

Wann kam nun das Ende der Friesischen Freiheit – oder gibt es vielleicht gar keines? Auch hier widersprechen sich zahlreiche Quellen. In einigen fällt das Aus der Friesenfreiheit mit dem Zeitpunkt zusammen, als Ostfriesland seinen ersten Grafen bekam. Ulrich Cirksena war zwar selbst Ostfriese und entstammte einem Häuptlingsgeschlecht, doch im Jahr 1464 wurde er vom Kaiser zum Reichsgrafen ernannt und erhielt Ostfriesland als Lehen.

Andere Quellen nennen das Jahr 1514 als Schlusspunkt. Da zwang eine grausam verloren gegangene Schlacht die Friesenstaaten Butjadingen und Stadland unter die Herrschaft der Oldenburger.

Das Kulturparlament Ostfriesische Landschaft spricht allerdings von der mehr als 800 Jahre währenden Friesischen Freiheit, denn trotz späterer Fremdherrschaft konnten sich die friesischen Stände ihre Freiheitsrechte noch lange Zeit bewahren, vor allem das Recht auf politische Mitbestimmung. Mit der war es endgültig vorbei, als Ostfriesland im Jahr 1866 abermals an Preußen fiel. Denn in diesem Jahr verlor die Ostfriesische Landschaft als Ständevertretung das Recht, an den Gesetzen Ostfrieslands mitzuwirken. Sie behielt nur die Aufgabe, die kulturellen Interessen der Bewohner zu wahren, und so ist es geblieben bis zum heutigen Tag.

Wie lebendig die Friesische Freiheit im Bewusstsein der Ostfriesen jedoch noch immer ist, zeigt die Aktion »Friesische Freiheit weltweit«: Reiselustige Ostfriesen halten kleine Aufkleber mit dem Motiv des Autobahnschildes in die Kamera, wo auch immer sie gerade auf der Welt unterwegs sind. Da grüßt die »Friesische Freiheit« plötzlich aus der vietnamesischen Halong-Bucht oder vor der Kulisse des isländischen Vulkans Eyjafjallajökull. Sie lässt sich vor der Klagemauer in Jerusalem blicken oder vor dem Ayers-Rock in Australien. Man hat sie in Ecuador und in Rio abgelichtet, aber auch nach Russland hat sie es geschafft und auf die Zinnen der Chinesischen Mauer. Freiheit als Exportschlager – darauf können wirklich nur die Ostfriesen kommen.

Glossar

Wer bei der Friesischen Freiheit mitreden will, sollte diese Begriffe kennen:

Eala Frya Fresena: ein Wappenspruch, der übersetzt wird mit: »Seid gegrüßt, freie Friesen« oder mit: »Erhebt euch, freie Friesen!« Damit soll der Friesischen Freiheit gehuldigt worden sein.

Lever dood as Slaav: gilt als Antwort auf die Begrüßung »Eala Frya Fresena« und bedeutet: lieber tot als Sklave.

Tota Frisia: alle friesischen Gebiete, die im 8. Jahrhundert von der Rheinmündung bis nach Dänemark hinaufreichten, immer entlang der Nordseeküste.

Sieben Seelande: die autonomen Landesgemeinden, deren Vertreter sich alljährlich am Upstalsboom trafen. Die Zahl Sieben ist dabei rein symbolisch. Auch haben sich meist nicht alle Mitglieder am Versammlungsort eingefunden.

Die 17 Küren: die ersten friesischen Rechtsaufzeichnungen, die der Friesischen Freiheit zugrunde liegen. Sie stammen vom Ende des 11. Jahrhunderts.

Asega: friesische Rechtsprecher (Friesisch: a = Recht, sega = sagen), die Vorgänger der späteren Redjeven.

1350–1464
Mehr als hundert wilde Jahre: die Zeit der Häuptlinge

»Wat dem eenen sin Uhl, is dem annern sin Nachtigall« (frei übersetzt: des einen Freud', des andern Leid) – hier trifft das plattdeutsche Sprichwort ins Schwarze. Während die von Pest und Flut geplagten Ostfriesen versuchten, in ihrem Land wieder Fuß zu fassen, nutzten einige unter ihnen die Gunst der Stunde und schwangen sich zu Anführern auf. Sie waren Abkömmlinge reicher Familien (*nobiles*) und genossen dank ihres Wohlstands ein beträchtliches

Ansehen. Jahrhundertelang hatten die Ostfriesen sich genossenschaftlich organisiert und zumindest unter ihresgleichen demokratisch abgestimmt. Nun begannen die *nobiles*, Herrschaftsansprüche anzumelden, sich Steinhäuser bauen zu lassen und Söldner zu bezahlen, die sie schützten. Derlei Aktivitäten stießen auf wenig Widerstand. Die Bauern waren mit ihrem Überleben beschäftigt und damit, ihre Verluste zu kompensieren. Sollten sich die »hovedlinge« (Häuptlinge), wie sich die Oberhäupter der reichen Familien bald nannten, doch um Posten und Pöstchen kloppen, etwa dem des Richteramtes. Einem ostfriesischen Bauern war das in diesen Tagen einerlei, solange er nicht behelligt wurde.

Das war möglicherweise ein Fehler. Denn so zerfiel die genossenschaftliche Ordnung rapide. Der ostfriesische Landsmann wurde zwar tatsächlich in Ruhe gelassen, er hatte aber auch bald nichts mehr zu sagen. Das erledigten nun die Häuptlinge für ihn, die zügig ihre Macht ausbauten. Sie waren klug genug, von ihren neuen *undersaten* (Untertanen) keine Abgaben abzupressen und ihnen ihre Freiheit zu lassen. So gut kannten sie ihre Landsleute, dass sie alles unterließen, was das empfindliche Freiheitsbewusstsein stören konnte. Doch der Geist der »Friesischen Freiheit« schwand dahin, das genossenschaftliche Ideal lebte bald nur noch in der Erinnerung.

Hauen und Stechen

Der erste Häuptling, der im Jahr 1350 in den Chroniken auftauchte, war ein gewisser Olde Ehnste, der in Hooksiel herrschte. Mit den großen Häuptlingsfehden hatte er noch nichts zu schaffen. Die kamen erst auf, als sich mehrere Anführer um Ländereien und Einfluss stritten. Denn die Häuptlinge gönnten einander nicht die Butter auf dem Brot. Eine mehr als hundert Jahre lange Zeit des Hauens und Stechens begann, aber auch der strategischen Einheiratungen und Koalitionen, immer im Bestreben, den eigenen Machtradius auszuweiten. Zu den größten Häuptlingsfamilien gehörten die tom Broks aus dem Brokmerland, die sich in der Auricher Burg verschanzten und von dort aus ihre Eroberungsfeldzüge starteten. Ihr Anführer Ocko I. stritt sich bis aufs Blut mit seinem Gegner Folkmar Allena aus Osterhusen. Der suchte sein Heil in einem Zusammenschluss mit dem Emder Oberhaupt Liuward Abdena. Doch gegen die mächtigen tom Broks war lange kein Kraut gewachsen. Im Jahr 1381 schlug Ocko I. die Koalition vernichtend und machte sich im Norderland breit. Zehn Jahre später wurde er allerdings ermordet – vermutlich von seinem erbittertsten Feind.

Und so wogten die Fehden über Generationen hin und her. Der Enkel Ockos I., nach seinem kriegerischen Großvater Ocko II. genannt, trieb es besonders wild und nannte sich bald »Häuptling von Ostfriesland«. Das erzürnte nicht nur die Feinde, sondern auch frühere Freunde der tom-Brok-Dynastie. Einen vor allem: Focko Ukena. Der war Häuptling von Leer. Und dem reichte es jetzt. Überhaupt reichte es allen. Mit einem Mal galt es, die verloren gegangene Friesische Freiheit zurückzuerobern. Man wollte wieder ein einiges Volk sein, Gleiche unter Gleichen. Ukena setzte sich an die Spitze eines Heeres aus Häuptlingen und Anhängern und zog in die Schlacht. Das war todesmutig, denn seine Leute konnten es an Kampfstärke nicht mit der mächtigen Ritterarmee der tom Broks aufnehmen. Doch wer auch immer Ukena und seiner Gefolgschaft beigestanden hat – die Unterlegenen siegten 1426 in der Schlacht von Detern. Und dann noch ein zweites Mal 1427 auf den »Wilden Äckern« des Brokmerlandes. Danach standen die tom Broks nicht wieder auf.

Freiheitsbund der Sieben Ostfriesenlande

Focko Ukena, dem siegreichen Feldherrn, stieg die neue Machtfülle jedoch bald selbst zu Kopf. Friesische Freiheit? Ach was. Er war jetzt der mächtigste Mann in Ostfriesland, und das bekamen sie alle zu spüren, Steuern wurden abgepresst, Untertanen herumkommandiert. So geschickt Ukena sich im

Kampf angestellt hatte, so ungeschickt war seine Politik. Und so dauerte es nur bis zum Jahr 1430, bis die Ostfriesen einen »Freiheitsbund der Sieben Ostfriesenlande« bildeten, den Aufstand wagten und nach einigen Scharmützeln den machtversessenen Ukena zur Flucht zwangen.

Eine neue große Häuptlingsfamilie trat auf den Plan: die Cirksena aus Greetsiel, die später die ersten Grafen Ostfrieslands wurden. Die wilde Zeit der Häuptlinge ging ihrem Ende entgegen. Endgültig Geschichte war sie, als im Jahr 1464 Ulrich Cirksena vom Kaiser zum Reichsgrafen über Ostfriesland ernannt wurde.

Frauensleut' am Steuer: Herrscherinnen an der norddeutschen Küste

1. Foelke Kampana, genannt Quade Foelke (»Böse Foelke«), verh. tom Brok, Regierungszeit um 1380

2. Theda Ukena, verh. Cirksena, Gräfin von Ostfriesland, Regierungszeit: 1466–1480

3. Maria von Jever, genannt Fräulein Maria, Regentin von Jever, Regierungszeit: 1531–1575 (allerdings: Das ist Friesland, nicht Ostfriesland!)

4. Anna von Oldenburg, Gräfin von Ostfriesland, Regierungszeit: 1542–1561

5. Juliane von Hessen-Darmstadt, Gräfin von Ostfriesland, Regierungszeit: 1648–1651

6. Christine Charlotte von Württemberg, Regentin des Fürstentums Ostfriesland, Regierungszeit: 1665–1690

Ende 14. Jh., Anfang 15. Jh.
Falsche Freunde: Häuptlinge und Piraten

Machtkämpfe sind teuer: Söldner halten die Hand auf, Wehranlagen kosten Unsummen, und Verbündete wollen bei Laune gehalten werden. Woher nahmen die Häuptlinge bloß all das Geld, das sie brauchten? Sie richteten ihre Blicke zur See: auf die dickbäuchigen Handelsschiffe, die da vorüberzogen, voll mit Gold und edlen Waren. Das war fette Beute. Wehrlose fette Beute, um genau zu sein. Kaum kam ein bisschen Wind auf, schon drückten sich die Koggen bang in Richtung Küste. Wer konnte da widerstehen?

Die Häuptlinge jedenfalls konnten es nicht. Und ein großes Unrechtsbewusstsein plagte sie auch nicht, glaubten sie sich doch im Besitz des Strandrechts. Das bedeutete: Alles Gut, das an die Küste geschwemmt wurde, wurde automatisch ihr Eigentum. Man musste also nur ein bisschen nachhelfen.

So steuerte manche Kogge in stürmischer Nacht auf das Leuchtfeuer zu, das den rettenden Strand wies. Den rettenden Strand? Eher das tückische Riff, aber als der Kapitän an Bord den Fehler bemerkte, war es längst zu spät. Sein Schiff wurde gegen die Felsen geschleudert, schlug leck, Mann und Maus gingen in der aufgewühlten See unter, nur ein paar Meter von der ostfriesischen Küste entfernt. Dort wartete man bereits auf die – hoffentlich unversehrte – Ladung des Schiffes.

Entern auf eigene Rechnung

Aber die Häuptlinge entzündeten nicht nur falsche Feuer, sie verbündeten sich auch mit Seeräubern, gewährten ihnen Unterschlupf und verlangten dafür nur deren Mithilfe im Kampf, wenn es wieder gegen einen der anderen Häuptlinge ging.

Dabei hatten die Piraten am Ende des 14. Jahrhunderts ursprünglich einen anderen Wirkungskreis. Sie waren in der Ostsee als eine Art Söldner zur See unterwegs. Denn Mecklenburg führte mit Dänemark Krieg und bediente sich sogenannter Kaperfahrer, die in ihrem Auftrag dänische Handelsschiffe überfielen. Doch als die beiden Kriegsmächte Frieden miteinander schlossen, wurden die kriminellen Verbündeten arbeitslos. Anstatt ihr Treiben einzustellen, fuhren sie nun auf eigene Rechnung übers Meer, auf der Jagd nach schwerbeladenen Schiffen. Als »Vitalienbrüder« (von Viktualien = Lebensmittel) machten sie sich einen berüchtigten Namen und schädigten den Bund der Hanse massiv.

Schließlich gelang es den Hansestädten, die Freibeuter aus der Ostsee zu vertreiben. Die fanden in der Nordsee bei ihren neuen Freunden Zuflucht, den ostfriesischen Häuptlingen. Im Jahr 1400 rüstete der Hansebund jedoch zur Seeschlacht gegen die Piraten und fuhr mit elf Schiffen los, um der Plage ein für alle Mal Herr zu werden.

Der Historiker Matthias Puhle zitiert aus einem Bericht hansischer Hauptleute, die die Flotte gegen die Piraten befehligten. Darin heißt es:

»Am 22. April segelten wir von Hamburg ab und kamen am 5. Mai in die Westerems. Am selben Tag vernahmen wir, daß Vitalienbrüder in der Osterems waren. Dorthin schickten wir unsere Freunde, und es half uns Gott, als wir einen Teil von ihnen schnell in unsere Gewalt brachten. 80 von ihnen wurden getötet und über Bord geworfen. Die anderen flohen ans Land.«

Ehemalige Häfen der ostfriesischen Halbinsel

Zu Zeiten der Segelschifffahrt gab es einige bedeutende Häfen in Ostfriesland. Von hier aus wurde die ganze Welt angefahren. Heute sind bis auf Emden und Wilhelmshaven nur historische Häfen übrig geblieben.

Eine Besonderheit sind dabei die Sielhäfen, die jeweils an den Sielen in den Seedeichen entstanden. Die Felder hinter dem Deich mussten entwässert werden. Dazu brauchte man selbständig funktionierende Tore im Deich, die Siele: Sie öffnen sich bei Ebbe, um das Wasser aus den höher gelegenen Kanälen und Entwässerungsgräben der feuchten Marsch abfließen zu lassen, und schließen sich bei Flut, um die Felder vor Überschwemmung mit Salzwasser zu schützen.

Dort, wo diese Tore in den Deich eingelassen waren, bildeten sich natürliche Rinnsale im Watt, die zu einer Fahrrinne ausgebaut und mit den Kanälen des Inlandes verbunden werden konnten: So entstanden die Sielorte, die in der Zeit flacher Segelschiffe ihre Blütezeit hatten. Anfangs fuhren die Boote mit umgelegten Masten durch die Tore, später entstanden offene Siele mit Klappbrücken, die auch Schiffe mit aufrechten Masten passieren konnten.

Carolinensiel

Blütezeit: Zählte einst zu den bedeutendsten Häfen an der ostfriesischen Küste. Carolinensiel wurde erst 1729 gegründet, als die Harlebucht eingedeicht wurde. Von hier aus fuhren Schiffe bis nach Amerika. Prächtige Häuser, stolze See- und Kaufleute prägten das Dorf; die Ostfriesen nannten die Carolinensieler etwas abfällig »Cliner«. Mit Beginn der Dampfschifffahrt war die große Zeit vorbei.

Aktuell: Heute ist Carolinensiel ein beliebter Urlaubsort, dank seines schönen Ortskerns, wo sich die Häuser typischerweise um die Deichnische gruppieren. Ein hübsches Sielhafenmuseum informiert über die große Zeit der Küstenhäfen.

Jever

Blütezeit: Früher lag Jever am Meer, war eine wohlhabende, erfolgreiche Stadt und ziemlich fortschrittlich: Bereits im 16. Jahrhundert regierte hier eine Frau mit viel Verstand: Maria von Jever. Sie sicherte Jever einen Umschlagplatz am Meer, als die Zufahrt zur Stadt immer schwieriger wurde.

Aktuell: Heute ist Jever ein schmuckes Städtchen mit bemerkenswertem Schloss und der Jever-Brauerei.

Hooksiel

Blütezeit: Maria von Jever veranlasste den Bau des ersten Siels: Durch die Landgewinnung des Hooksieler Tiefs wurde Jevers Hafen immer weiter vom Meer abgeschnitten. Deshalb wurde Hooksiel zum neuen Umschlagplatz der Stadt Jever, bis den Sielort das gleiche Schicksal ereilte wie alle anderen Sielhäfen an der Nordsee.

Aktuell: Hooksiel entdeckte bereits vor hundert Jahren den Tourismus als Einkommensquelle. Bis heute ist es ein schmuckes und beliebtes Örtchen an der Nordseeküste.

Varel

Blütezeit: An der alten stolzen Stadt am Jadebusen hat sich so mancher Regent abgearbeitet. Der Friese nahm es stoisch. So war die Blütezeit Varels denn auch kurz und schmerzlos: Im 19. Jahrhundert gab es mal eine Zeit, in der hier Hunderte Schiffe den Hafen anliefen, davor und danach kam ihm keine allzu große Bedeutung zu.

Aktuell: Der Hafen ist heute eher touristisch von Belang. Wichtiger ist das Nordseebad Dangast, als Künstlerort bekannt und am Wochenende Ziel der Oldenburger und Ostfriesen. Varel ist als alte Residenzstadt immer einen Besuch wert.

Greetsiel

Blütezeit: Greetsiel wurde im 15. Jahrhundert von der Häuptlingsfamilie der Cirksena angelegt und galt über Jahrhunderte als einer der wichtigsten Sielhäfen an der Nordseeküste.

Aktuell: Die große Bedeutung des Hafens erkennt man in Greetsiel an allen Ecken. Das Städtchen gilt mit seinem historischen Hafen als einer der schönsten Sielorte der Nordseeküste. Und auch wenn es sehr touristisch ist, hat es immer noch viel Charme.

Altharlingersiel

Blütezeit: Im 16. und 17. Jahrhundert war Altharlingersiel ein bedeutender Handelshafen. Dann wurde die Harlebucht eingedeicht, und vorbei war es mit der Blüte.

Aktuell: Einige Hundert Meter von der Küstenstraße entfernt – zwischen Neuharlingersiel und Carolinensiel gelegen – ist Altharlingersiel heute ein kleiner Ferienort.

Die dunkelste Zeit: Nationalsozialismus und Krieg

Im schlimmsten Kapitel der deutschen Geschichte unterscheidet sich Ostfriesland wenig vom Rest der Republik. Besessene Nationalsozialisten gab es hier in großer Zahl und wenige Menschen, die Widerstand leisteten, etwa der Pastor Hermann Lange aus Leer, der 1943 für seine entschiedene Haltung gegen das Naziregime hingerichtet wurde.

In Ostfriesland lebten nach einer Volkszählung im Jahr 1925 circa 2200 Juden, rund 700 davon in Emden. Der Boykott jüdischer Geschäfte begann in Ostfriesland sogar einige Tage früher als anderswo in Deutschland, nämlich bereits am 28. März 1933. In der Pogromnacht 1938 wurden die Synagogen von Aurich, Emden, Esens, Leer, Norden und Weener zerstört. Zu diesem Zeitpunkt waren bereits etwa die Hälfte der Juden, die im Regierungsbezirk Aurich wohnten, aus ihrer Heimat geflohen.

1941 spielte die Stadt Emden die unrühmliche Rolle, zu den ersten zwölf Städten im Reich zu gehören, aus denen jüdische Menschen in den Osten deportiert wurden. Wie viele ostfriesische Juden in den Vernichtungslagern umgekommen sind, ist nicht gesichert. Man nimmt an, dass es rund 1000 Menschen gewesen sind, also knapp die Hälfte der früher einmal hier ansässigen Juden.

Im Krieg ist Ostfriesland bis auf die Hafenstädte Emden und Wilhelmshaven relativ wenig zerstört worden, der Region kam in dieser Hinsicht ihre abgeschiedene Lage zugute. Da viele Menschen von der Landwirtschaft lebten oder zumindest viele zusätzlich zu ihrer Arbeit eine kleine Nebenlandwirtschaft betrieben, hatten sie im Verhältnis zu den Großstädtern auch zu essen. Dies führte dazu, dass katholische Priester aus der schlesischen Grafschaft Glatz 1945 und 1946 behaupteten, in Ostfriesland fließe »Milch und Honig«.

Folgen des NS-Regimes und des Zweiten Weltkrieges

Flüchtlinge: Zwischen 1945 und 1948 flüchteten mehr als 100 000 Menschen aus den ehemaligen Ostgebieten Deutschlands nach Ostfriesland. Ein Großteil von ihnen verließ den armen Landstrich bei der erstbesten Gelegenheit wieder, doch etwa 40 000 Flüchtlinge blieben für immer und veränderten die Region nachhaltig und positiv. So stieg mit ihnen beispielsweise das Bildungsniveau.

Buttern: Direkt nach dem Zweiten Weltkrieg strömten auch viele Großstädter nach Ostfriesland, weil sie Hunger hatten. Sie tauschten teuren Schmuck, Porzellan und all ihr Hab und Gut gegen Fleisch, Butter, Kartoffeln oder Gemüse. »Buttern« hieß das landläufig. Einige Bauern ließen sich die Nahrungsmittel teuer versilbern; andere hatten Mitleid mit den Städtern und gaben aus freien Stücken. Wurden sie dabei von den britischen Besatzern erwischt, setzte es hohe Strafen.

Gemeinschaftsprojekt: Die Eindeichung vom Leybuchtpolder – dem jüngsten Dorf Deutschlands – mit dem Bau des Störtebekerdeiches war eine Gemeinschaftsarbeit von Flüchtlingen und Einheimischen. Ende der 1940er Jahre erhielten sie – allerdings zu ungleichen Teilen – dort Grundstücke. »Aber letztlich ist die Geschichte des jungen Dorfs Leybuchtpolder eine Geschichte, die Ostfriesen und Ostdeutsche gemeinsam schreiben«, heißt es im Buch ›Vertrieben nach Ostfriesland‹ (von Herterich/Schröder).

Jüdische Gemeinschaft: Sie war in Ostfriesland nie sehr groß, aber seit dem Zweiten Weltkrieg existiert sie praktisch kaum noch. Die letzte erhaltene Synagoge Ostfrieslands steht in Dornum. Wenige Tage vor der Pogromnacht 1938 kaufte sie ein Tischler; da sie im Dorfkern dicht an dicht neben anderen Gebäuden steht, entging sie in der Pogromnacht der völligen Zerstörung. 1990/91 wurde sie restauriert und als Gedenkstätte wieder eröffnet.

Friesenwall: Adolf Hitler beschloss im August 1944 nach der Landung der Alliierten an der französischen Küste, die Nordseeküste von den Niederlanden bis nach Dänemark durch eine Befestigungslinie, den »Friesenwall«, abzuschirmen. 16 000 Kriegsgefangene aus ganz Europa und 6000 Häftlinge aus den Konzentrationslagern sollten ihn bauen. Aurich sollte als Festung dienen und mit einem Panzergraben abgesichert werden. Der Friesenwall wurde nie fertiggestellt und Anfang 1945 aufgegeben. Für seinen Bau wurde das Arbeitslager in Engerhafe in ein Konzentrationslager umfunktioniert. Häftlinge aus dem KZ Neuengamme wurden hierherverlegt, um den Panzergraben um Aurich zu errichten. Unter unmenschlichen Bedingungen lebten die Häftlinge in unmittelbarer Nähe zu Kirche und Dorf. Nach wenigen Monaten wurde das Lager im Dezember 1944 aufgelöst. In dieser Zeit starben hier 188 Menschen. Kurz nach dem Krieg wurde auf dem Friedhof in Engerhafe eine Gedenkstätte errichtet, die seit den 1980er Jahren erweitert wurde. Im Jahr 2014 wurde am Panzergraben im Sandhorster Forst ein Mahnmal aufgebaut.

»Hölle im Moor«: Zwischen 1933 und 1939 wurden im Emsland 15 Gefangenenlager eingerichtet, um die emsländischen Moore zu kultivieren. Die »Hölle im Moor« wurden diese grausamen Lager genannt. Einige waren als

Konzentrationslager für Regimegegner, Juden, Sinti und Roma sowie Homosexuelle eingerichtet. Insgesamt wurden 80 000 KZ-Häftlinge und bis zu 180 000 Kriegsgefangene in diesen Lagern gefangen gehalten, rund 30 000 starben. In Esterwegen war der Friedensnobelpreisträger Carl von Ossietzky als KZ-Häftling eingesperrt. 1981 gründeten Bürger und Wissenschaftler ein Forum, um dieses dunkle Kapitel aufzuarbeiten. 1985 wurde in Papenburg ein Dokumentations- und Informationszentrum (DIZ) eingerichtet. Im Jahr 2011 eröffnete in Esterwegen eine Gedenkstätte für die Opfer der Emslandlager.

Wilhelmshaven wird als erste deutsche Stadt aus der Luft angegriffen: Diese strategisch wichtige Hafenstadt wurde durch britische Luftangriffe zu großen Teilen zerstört. Bereits kurz nach Kriegsausbruch 1939 wurden hier die ersten großen Luftschutzbunker errichtet – keine andere Stadt in Deutschland hat so viele wie Wilhelmshaven. Deshalb sind hier verhältnismäßig wenige Menschen umgekommen. Die meisten Bunker stehen heute noch. Auch die Hafenstadt Emden wurde durch Luftangriffe zu mehr als drei Viertel zerstört. Hier sind ebenfalls relativ viele Luftschutzbunker gebaut worden. Sie sind bis heute überall in der Stadt zu sehen und werden zum Teil genutzt, etwa für das Bunkermuseum.

In sien Huus is sülvst de Arme en Fürst.

(In seinem Haus ist selbst der Arme ein Fürst.)

Wirtschaft

Eine Region im Aufwind

Die Wirtschaft der ostfriesischen Halbinsel nahm im Lauf der Jahrhunderte ein bisschen den Rhythmus der Gezeiten an: Mal war der Wohlstand im Land groß, mal war wieder Ebbe in den Kassen, und die Leute verarmten. Litten die Ostfriesen im Zweiten Weltkrieg aufgrund ihrer starken Landwirtschaft weniger Hunger als anderswo, fanden sie sich danach im Armenhaus der Nation wieder. Seit der Energiewende jedoch ist die Wirtschaft erneut im Aufschwung, in Ostfriesland findet man dieser Tage ein gutes Auskommen, Arbeitskräfte werden gesucht, die Leute kommen in den hohen Norden.

Eine Studie des Hamburger Weltwirtschaftsinstituts von 2014 hat die Entwicklung der Wirtschaftsleistung im Nordwesten Niedersachsens im Zeitraum von 1996 bis 2009 zum Thema. Es zeigte sich, dass die Erwerbstätigkeit in der Region Weser-Ems insgesamt um fast 17 Prozent zulegte. Das Emsland hat bei der Bekämpfung der Arbeitslosigkeit einen sehr kräftigen Sprung nach vorn getan: Nur noch 3,7 Prozent der Emsländer waren im August 2014 ohne Beschäftigung. Aber auch das ostfriesische Leer verzeichnet eine vergleichsweise niedrige Arbeitslosenquote von 6,4 Prozent im August 2014, ein Wert, der leicht unter dem Bundesdurchschnitt von 6,7 Prozent im selben Zeitraum liegt.

Eine erfreuliche Entwicklung ist der Zuwachs an hochqualifizierten Beschäftigten in der Region. Da haben in den vergangenen Jahren regelrechte Aufholprozesse stattgefunden. Im Zeitraum von 2000 bis 2010 lag dieser Anstieg in Ostfriesland deutlich über dem bundesdeutschen Durchschnitt von 10,6 Prozent, nämlich bei glatten 34 Prozent.

Neben all den guten Entwicklungen gibt es aber auch Eintrübungen: So hat sich manches hoffnungsfrohe Jobwunder nicht erfüllt, wie etwa der Jade-Weser-Port, der bis heute weit hinter den Erwartungen zurückgeblieben ist. Auch der ersehnte Offshore-Boom ist bislang ausgeblieben.

Es bleibt also wechselhaft im Land. Aber daran ist der Ostfriese ja gewöhnt.

Die blaue Fabrik am Meer: wie mit Volkswagen bescheidener Wohlstand kam

Als in den fünfziger Jahren das deutsche Wirtschaftswunder begann, kam Ostfriesland irgendwie nicht mit. Andernorts herrschte Vollbeschäftigung, doch in Ostfriesland stieg die Arbeitslosenquote auf rund 25 Prozent. Die Zeiten von »Milch und Honig« waren vorbei, die Menschen blieben arm oder wurden es.

Bis zum Zweiten Weltkrieg war die Landwirtschaft der wichtigste Arbeitgeber gewesen, der fast die Hälfte der Ostfriesen ernährte. Hinzu kamen die Ziegeleien, der Schiffbau und vor allem die Fischerei, in den Fehngebieten noch der Torfabbau. Aber eine Industrie? Die gab es weit und breit nicht.

Während im übrigen Land die Infrastruktur schnell an die wachsende Wirtschaft angepasst wurde und man emsig Verkehrswege baute, waren in Ostfriesland etliche Orte – allen voran die Fehngebiete mit ihren Kanälen – noch nicht einmal an ein Straßennetz angebunden. Ostfriesland war tatsächlich abgehängt vom Rest des Landes.

Da gab es plötzlich einen Lichtblick, der ehemalige Chefredakteur der »Ostfriesen-Zeitung« Bernhard Fokken sprach sogar von einer »Glücksstunde für Emden und ganz Ostfriesland«. Obwohl Emden im Krieg fast dem Erdboden gleichgemacht worden war, wollte der Autohersteller Volkswagen gerade hier einen neuen Produktionsstandort bauen. Das Unternehmen versprach sich vom westlichsten Seehafen Deutschlands einen Zuwachs im Amerika-Geschäft, vom neuen Werk aus sollte der »Käfer« in die USA verschifft werden. Und so siedelte sich 1964 Volkswagen in Emden an und wurde zu einem der wichtigsten Arbeitgeber in der Region. Das ist er bis heute geblieben, auch wenn der VW Passat den legendären Käfer abgelöst hat.

Beim Festakt zum 50-jährigen Jubiläum im Frühjahr 2014 erinnerte der langjährige Emder Oberbürgermeister Alwin Brinkman an die Euphorie, die damals die Region ergriff, als Volkswagen sich ansiedelte: »Der Kohl muss weg, der Käfer kommt!«, hieß es. Viele Ostfriesen seien damals von den Feldern direkt ins VW-Werk gegangen.

Derzeit beschäftigt der Autobauer vor Ort mehr als 9000 Mitarbeiter, die Arbeitslosenquote liegt im Umland bei unter sieben Prozent. In der Nähe von VW haben sich zahlreiche Zulieferer für die Autoindustrie angesiedelt, nicht zu vergessen die Branchen, die von der Kaufkraft der Mitarbeiter profitieren. Denn der Betrieb zahlt gute Löhne und macht damit manchem Handwerksbetrieb das Leben schwer: Mit dem Lohnniveau des Konzerns können kleine Unternehmen nicht mithalten. Nichtsdestotrotz fühlen sich die Ostfriesen eng verbunden mit dem Konzern – und andersherum.

Fakten: 50 Jahre Volkswagen in Emden

- VW Emden ist einer von 106 VW-Produktionsstandorten weltweit. Derzeit arbeiten hier 9200 Mitarbeiter.

- Bis 2013 wurden hier 208 800 Autos gebaut: VW Käfer, Golf 1, VW-Transporter, Passat Limousine, Passat Variant, Passat Alltrack und Volkswagen CC.
- Bei VW Emden entsteht Ostfrieslands größte Halle: Mit 528 Metern Länge und einer Grundfläche von 63 600 Quadratmetern wird sie das Baudock II der Papenburger Meyer-Werft und die Rotorblattfabrik KTA von Enercon übertrumpfen.

**Im Kreis der Familie:
Ostfrieslands Hidden Champions**

Abgesehen von VW gibt es nur wenige Konzerne und Konzernniederlassungen, denn die Wirtschaft der ostfriesischen Halbinsel ist fest in Familienhand. Bekanntheit haben insbesondere der Windmühlenbauer Enercon in Aurich sowie die Meyer Werft in Papenburg erlangt. Allerdings gibt es auch ein paar *Hidden Champions,* unbekannte Schwergewichte.

Jährlich ermittelt das »Wirtschaftsblatt« die 500 größten Familienunternehmen Deutschlands, gemessen an Umsatz und Mitarbeiterzahl. Unter diesen Branchengrößen finden sich auch eine Handvoll Unternehmen der ostfriesischen Halbinsel:

500 größte Familienunternehmen	Branche	Beschäftigte/Umsatz in Mio. € pro Jahr
Platz 43 Enercon, Aurich	Windenergie, gegründet 1984	16 000 Mitarbeiter/ 3950 Mio. € Umsatz
Platz 83 Bünting Unternehmensgruppe, Leer	Lebensmittelhandel/Tee, gegründet 1806	11 000 Mitarbeiter/ 2100 Mio. € Umsatz
Platz 109 Meyer Werft GmbH, Papenburg	Schiffsbau, gegründet 1795	3100 Mitarbeiter/ 1500 Mio. € Umsatz
Platz 344 Johann Bunte Gruppe, Papenburg	Bau, gegründet 1872	1700 Mitarbeiter/ 539 Mio. € Umsatz
Platz 404 Waskönig und Walter, Saterland	Kabeltechnik, gegründet 1873	500 Mitarbeiter/ 460 Mio. € Umsatz
Platz 434 Rücker GmbH, Aurich	Milchprodukte, gegründet 1890	467 Mitarbeiter/ 395 Mio. € Umsatz
Platz 468 Ulla Popken GmbH, Rastede	Mode, gegründet 1987	4000 Mitarbeiter/ 390 Mio. € Umsatz
Nicht mehr ganz im Ranking: Platz 505 Nordfrost GmbH & Co KG, Schortens	Logistik, gegründet 1975	2500 Mitarbeiter/ 350 Mio. € Umsatz

Quelle: Wirtschaftsblatt 1/2014

Vernunft contra Maschendrahtzaun:
der Zusammenschluss in der Ems-Achse

Es gibt sie ja noch, die *vigelinschen* Abgrenzungen zwischen Ostfriesland und Ost-Friesland, wo die echten Ostfriesen leben, aber auch die Friesen, die Ammerländer, die Emsländer, die Jeverländer und so fort. Während man sich im Alltagsleben immer mal wieder über die »von nebenan« ereifert und den inneren Maschendrahtzaun hochhält, ist man wirtschaftlich schon ein gutes Stück weiter. Kooperationen sind entstanden, die die Küstenregion zu einem gemeinsamen Wirtschaftsraum zusammenfassen, der allen nutzt. Kooperationen, die früher undenkbar gewesen seien, sagt Dirk Lüerßen, der Geschäftsführer des Wirtschaftsverbundes Ems-Achse.

Dafür war es auch höchste Zeit, denn jahrzehntelang hatte die Region außer Volkswagen nur wenige Arbeitsplätze zu bieten. Das Teehaus Bünting zählte dabei noch zu den größeren Brötchengebern, aber erst seit Mitte der achtziger Jahre ist ein echter Aufschwung zu verzeichnen – nicht zuletzt durch die zunehmende Bedeutung der maritimen Wirtschaftszweige. Dazu gehören die Reedereiwirtschaft, die Hafenwirtschaft, Schiffs- und Bootsbau, Schiffsbauzulieferer, maritime Dienstleister sowie mittlerweile auch die Offshore-Windenergie. Als Randaspekte kommen der maritime Tourismus (Bootsausflüge/

Wassersport) und die Fischereiwirtschaft hinzu. Die Fischerei hat zwar eine jahrhundertelange Tradition und einen hohen symbolischen Wert, wirtschaftlich spielt sie jedoch nur noch eine untergeordnete Rolle.

Eine der bekanntesten Kooperationen ist die 2006 entstandene Ems-Achse. Sie ist ein Zusammenschluss von Unternehmern, Verbänden, Kommunen und führt die Landkreise Grafschaft-Bentheim, Emsland, Leer, Aurich und Wittmund sowie die Stadt Emden zu einem einheitlichen Wirtschaftsraum zusammen. Damit vertritt die Ems-Achse – ähnlich wie die Industrie- und Handelskammer – die Interessen dieses Wirtschaftsraumes auf politischer und ökonomischer Ebene.

Das ist ihr gut geglückt. Wirtschaftskrise hin oder her, die Wachstumsregion Ems-Achse ist eine Erfolgsgeschichte. In den vergangenen 30 Jahren haben sich einstmals strukturschwache Städte wie Emden oder Leer stark entwickelt. Auch ist der Wirtschaftsraum zum zweitgrößten Reedereistandort Deutschlands (nach Hamburg) aufgestiegen, insgesamt 48 Reedereien sind hier ansässig. Eine Studie zur maritimen Wirtschaft in der Region schätzt, dass aktuell etwa 20 000 Menschen in den dazugehörigen Branchen beschäftigt sind.

Einer allein kann nichts bewegen? Da kennen Sie Tullum nicht! Über Ostfrieslands Mister A31

Gibt man bei Google das seltsame Wort »Tullum« ein, erscheint ein Wikipedia-Eintrag über Rolf Trauernicht. Dem Nichtostfriesen sagt dieser Name vermutlich rein gar nichts. In Ostfriesland hingegen ist Tullum alias Rolf Trauernicht eine echte Unternehmerlegende und der Prototyp des Ostfriesen, der sich von der hohen Politik nicht Bange machen lässt. Vor allem aber zeigt Tullum, dass man auch als Einzelner ganz schön viel bewegen kann. Denn vor allem diesem Unternehmer verdankt das Küstenland die Anbindung ans Ruhrgebiet durch den Lückenschluss der Autobahn 31. Und das kam so:

Es ist der 22. März 1999. Rolf Trauernicht ist fast 75 Jahre alt und seit 1949 Baustoffhändler. Trotz seines fortgeschrittenen Alters hat er im Betrieb immer noch zu tun, oft hockt er bis spät im Büro. So auch an diesem Abend. Denn er muss noch auf einen Fahrer warten, der einfach nicht eintrifft. Schließlich klingelt es um 22 Uhr an der Tür. Da steht der Lastwagenfahrer, bittet um den Schlüssel für den Lagerplatz und entschuldigt sich für die späte Störung – er habe mal wieder drei Stunden im Stau gestanden, in der Lücke der Autobahn 31.

Diese vermaledeite A31-Lücke von exakt 41,9 Kilometern zwischen Geeste im Emsland und dem westfälischen Ochtrup! Sie plagt die Ostfriesen nun schon etliche Jahre. Jahr um Jahr vertrösten der Bund und das Land die Region; gefühlt ist jedes Bauvorhaben, das sich finden lässt, wichtiger als der Lückenschluss der A31, die Ostfriesland an das Ruhrgebiet anbinden würde. Zuletzt hieß es aus dem Bundesverkehrsministerium, frühestens im Jahr 2013 könne mit der Fertigstellung gerechnet werden. Also weitere 14 Jahre Stau. Weitere 14 Jahre des Abgeschnittenseins, der Nachteile durch die schlechte Verkehrsanbindung, der vibrierenden Nerven und vor allem der unnötigen Mehrkosten.

Eine Bombe platzt

Tullum händigt dem Fahrer den Schlüssel aus und spürt, wie er die Faxen dicke hat von den immer gleichen Geschichten. Er überschlägt im Kopf, wie viel Geld die Lücke in seiner Firma vernichtet – und was sie auch die anderen Unternehmer kostet. Wie viel sie alle hingegen sparen könnten, wenn sie versuchten, die A31 auf eigene Faust fertigzustellen. »Am nächsten Tag«, sagt sich Tullum, »biete ich in einer Pressemitteilung 250 000 D-Mark, wenn die Lücke innerhalb von fünf Jahren geschlossen wird.«

Und so geschieht es. Die Nachricht schlägt ein wie eine Bombe. Tullums Initiative aktiviert die gesamte Region. Der dringend benötigte Lückenschluss kommt in Eile vor den Landtag und wird dort tatsächlich durchgesetzt: Im März 2000 entscheidet das Land Niedersachsen, die Fertigstellung der A31 um zehn Jahre vorzuziehen. Alle – ansässige Unternehmer, Gemeinden, Land und Bund – schmeißen zusammen, um die Kosten der vorgezogenen Fertigstellung zu tragen; allein die Volkswagen AG gibt eine Million D-Mark, die Sparkasse Emsland Meppen schießt 750 000 D-Mark hinzu, Johann Bunte Bauunternehmung beteiligt sich mit 200 000 D-Mark, Bünting mit 100 000 D-Mark – so geht es munter weiter. Insgesamt spenden Hunderte norddeutsche und auch niederländische Unternehmen und sogar Tausende Privatleute fast 20 Millionen Mark, etwa 135 Millionen geben die Kommunen dazu. Die gemeinschaftliche Anstrengung führt zum Erfolg. Ende 2004 wird die A31 fertig.

Achtzehnstundenarbeitstage für ein Kind

Dabei ist Tullum – Ironie der Geschichte – als Kind eines Torfschiffers großgeworden, der sich wie alle anderen seiner Zunft stets vehement gegen den Straßenbau ausgesprochen hatte. Die Torfschiffer nutzten ja die Kanäle, wozu brauchten sie Straßen? Die würden ihnen doch nur die Arbeit wegnehmen.

Rolf Trauernicht wird 1924 in Wilhelmsfehn als erstes von zwölf Kindern geboren. Es ist eine Kindheit, die von Armut und harter Arbeit bestimmt ist und in der alle mit anpacken müssen: Torf stechen, aufs Schiff verladen, das Schiff viele Strecken immer wieder von Hand durch die Kanäle ziehen. Überdies müssen die Schiffe geschleust werden, Spetzerfehn hat von Osten nach Westen ein Gefälle von etwa acht Metern, was vier Schleusen erforderlich macht. Gesegelt werden kann nur, wenn der Wind günstig steht. In seinen Erinnerungen schreibt Tullum von Achtzehnstundenarbeitstagen – für ein Kind. »So erinnere ich mich, dass wir mit einer Ladung Torf für Emden um 23 Uhr in Neuefehn anlegten und buchstäblich nach einem Achtzehnstundentag in die Koje fielen. Morgens um fünf Uhr wurde ich wach. Vater war schon seit drei Uhr wieder unterwegs und schob das Schiff … Mich hatte er nicht wecken wollen.«

1940 wird der 16-jährige Junge zum Kriegsdienst eingezogen. Als er 1945 zurückkehrt, macht er dort weiter, wo er aufgehört hat – er pachtet ein Motorschiff und fährt bis 1948 auf Ostfrieslands Kanälen: für Torf, Waren und Baumaterialien zwischen Spetzerfehn und der Krummhörn. Aber das Leben in Ostfriesland ändert sich. Überall fehlt es an der Infrastruktur, überall muss gebaut werden. Tullum erkennt, dass die Ostfriesen zukünftig jede Menge Bedarf an Baumaterialien haben werden. So gründet er im Mai 1949 die R. Trauernicht & Co. Baustoffhandlungen, im Volksmund Trauco genannt. Mit

Trauco steigt Tullum zum erfolgreichen Unternehmer auf. Heute hat die Trauco AG Baustoffhandlungen in ganz Ostfriesland.

Infrastruktur: ein Lebensthema

Mittlerweile ist der kantige Ostfriese 90 Jahre alt. Wenn er Vorträge hält, steht er mit seinen 1,93 Metern hoch aufgerichtet hinterm Pult. Noch immer kämpft er für die Infrastruktur. Sein Gesicht wirbt auf zahlreichen Plakaten für die Anbindung Aurichs an die A31. Dafür müsste die Bundesstraße 210 ausgebaut werden. Das ist diesmal jedoch ein recht umstrittenes Projekt, mit dem sich Tullum nicht nur Freunde macht. Denn die B210 würde durch ökologisch wichtige Flächen Ostfrieslands führen und Landschafts- und Erholungsräume zerschneiden. So sagt es die Bürgerinitiative, die sich gegen das Vorhaben richtet. Der Ausgang der Sache bleibt abzuwarten.

Und wieso jetzt Tullum?

Das lässt sich schnell erklären: Der Name Rolf muss schwer in Mode gewesen sein, als der kleine Trauernicht geboren wurde. Deshalb kam ein Lehrer auf den Spitznamen, um den Torfschiffersohn von drei Namensvettern zu unterscheiden. Inzwischen ist die

Bezeichnung unsterblich: Zu Ehren des ostfriesischen Urgesteins wurde eine Rhododendronzüchtung im Gristeder Rhododendronpark »Tullum« genannt.

Was sagt man dazu?

Sind Kooperationen stärker als Vorurteile? Fünf Fragen an Dirk Lüerßen, Geschäftsführer der Ems-Achse, Papenburg

1. *Herr Lüerßen, Sie sind Geschäftsführer der Ems-Achse. Ist diese Kooperation angesichts der gern gelebten Animositäten nicht ein kleines Wunder?*

Nein, inzwischen nicht mehr – aber vor 25 Jahren war das kaum vorstellbar. Zum Glück haben die Menschen erkannt, dass man nicht so kleinteilig denken darf. Zudem haben wir im Norden das Meer, im Westen Niederländer, im Osten Hanseaten: Da bietet sich dieses Miteinander in der Ems-Achse an.

2. *Früher galt Ostfriesland als das Armenhaus der Nation. Nennen Sie uns drei Gründe, warum Sie darüber nur noch lachen können.*

Erstens haben wir tolle Unternehmen: neben den Großen auch Hidden Champions. Zweitens haben wir die beliebteste Urlaubsregion Niedersachsens.

Und drittens lassen wir uns von kleinen Rückschlägen nicht aus der Ruhe bringen.

3. *Einst wanderten die guten Leute aus, weil es keine Jobs gab. Heute sucht die Region – wen?*

Wir suchen vor allem Fachkräfte mit Familie, denn für die bietet die Region alles, was man braucht. Besonders schauen wir zum Beispiel nach Handwerkern, Berufskraftfahrern, Pflegekräften, Ingenieuren oder Medizinern.

4. *Wind und Meer sind die beiden großen Themen an der Waterkant. Doch die dazugehörigen Branchen – Windenergie und Reedereien – schwächeln. Gibt es Grund zur Sorge?*

Die Windenergie an Land ist stabil und erfolgreich. Da brauchen wir uns keine Sorgen zu machen. Und die Reedereien kennen das Geschäft: Da gibt es immer ein Auf und Ab. Wir hoffen darauf, dass es bald wieder aufwärtsgeht. Zum Glück ist die Region aber inzwischen auch so breit aufgestellt, dass sie nicht mehr nur von einer Branche abhängt.

5. *Was sind aus Ihrer Sicht die schlimmsten Vorurteile gegenüber der Region?*

Ist es schlimm, dass wir mit Kühen, Wind, Deichen und Otto verbunden werden? Eigentlich nicht – ich finde alles sympathisch. Bedauerlich ist manchmal nur, wenn neben den Vorurteilen kein Platz für die Erkenntnis ist, dass wir einer der dynamischsten und lebenswertesten Orte in Deutschland sind …

**Wenn man nur Bahnhof versteht:
Aurichs Sehnsucht nach dem Schienenverkehr**

Aurich, die zweitgrößte Stadt Ostfrieslands und »heimliche Hauptstadt«, hat nach wie vor keinen Bahnhof, in dem Züge aus- und einfahren. Sondern nur einen, der unter Denkmalschutz steht und in dem die Kinder des benachbarten Gymnasiums Musikunterricht erhalten. Man kann die ostfriesische Kreisstadt also nicht per Zug erreichen. Das soll sich ändern. Aber wann?

»Die ersten Personenzüge zwischen Emden und Aurich könnten Anfang 2014 rollen«, hieß es in einer Machbarkeitsstudie im Jahr 2010. Vorgestellt hatte sie die Eisenbahninfrastrukturgesellschaft Aurich-Emden (EAE). Nachdem Anfang 2014 ergebnislos verstrich, konnte man Mitte 2014 in den »Ostfriesischen Nachrichten« lesen: »Die Strecke ist eine von acht Bahntrassen, bei denen das niedersächsische Verkehrsministerium prüft, ob sie für eine Reaktivierung des Personennahverkehrs infrage kommen.«

Und dann las man staunend weiter, dass die EAE allein schon für den Plan, die Strecke zwischen Aurich und Emden zu reaktivieren, den Fahrgastpreis

2014 des Verbandes »Pro Bahn« bekommen hat. Dabei geht es nur um 19 Kilometer. Was ist da los?

Bis 1967 fuhr man nach Aurich problemlos mit dem Zug. Dann jedoch soll offiziellen Angaben zufolge der Individualverkehr derart zugenommen haben, dass sich der Streckenbetrieb nicht mehr rechnete und eingestellt wurde. Nur noch der Güterverkehr rollte auf den Gleisen – bis 1994, dann war auch damit Schluss. Aurich war ab sofort in Sachen Schienenverkehr stillgelegt und abgehängt.

Doch erst als das in Aurich ansässige Unternehmen Enercon weitere Investitionen in der Region davon abhängig machte, dass der Güterverkehr auf der Schiene reaktiviert wurde, und selbst einen Teil des Geldes für die Streckensanierung dazugab, kam Fahrt auf. Im April 2008 wurden auf den Gleisen erstmals wieder Güterzüge eingesetzt.

Nun soll auch der Personenverkehr erneut eine Alternative auf der Schiene erhalten, um die vielerorts verstopften Straßen zu entlasten. Die nächsten Prognosen nennen nun das Jahr 2017.

Ostfriesland geschenkt

Eine kleine Posse ereignete sich vor einigen Jahren auf der Bahnstrecke Esens nach Wilhelmshaven: Dort fuhr man ein Jahr lang kostenfrei, sogar in der Ersten Klasse.

Hintergrund war die Privatisierung der Strecke: Die Deutsche Bahn gab den Netzbetrieb an die private Osnabrücker Nordwestbahn ab, das Unternehmen sollte ab Herbst 1999 übernehmen. Folglich baute die Deutsche Bahn alles ab, was ihr gehörte. Auch die Ticketautomaten. Und sie versetzte ihr Personal, so dass es ab Ende 1999 keine Fahrkartenkontrolleure mehr gab und auch keine Schalterbeamten. Aber der neue Eigentümer konnte den Terminplan nicht einhalten. Ein Jahr später, im Herbst 2000, betrieb er die Strecke noch immer nicht. Und die Deutsche Bahn war verpflichtet, bis zur Übergabe weiterzumachen. Ohne Einkünfte. Denn wo sollten die Leute ihr Ticket ziehen, wenn es keine Automaten mehr gab? Wie kontrollierte man, ob für die Strecke bezahlt worden war, so ganz ohne Kontrolleure? »Die Leute wollen ja bezahlen«, sagte einer der Lokführer. »Sie kommen zu mir an den Führerstand.« Aber zum Geldeintreiben war er nicht befugt. Und so zockelten die Fahrgäste ein gutes Jahr lang mitten durch das schöne Ostfriesland, blickten von ihren Erste-Klasse-Sitzen aus auf saftige Wiesen und schwarz-weiße Kühe und überlegten, was sich am Zielort mit dem gesparten Geld so alles anfangen ließ.

Urkräfte am Werk: Wirtschaften mit Meer und Wind

Werften und Reeder in kabbeliger See

Schaffen Sie die problemlose Überführung eines Kreuzfahrtschiffes? Diese Frage gibt es tatsächlich. Man findet sie auf der Homepage der Meyer-Werft (www.meyerwerft.de, unter »Besucher«). Beim Spiel »Emsfahrt« kann sich jeder als Kapitän eines Luxusliners beweisen und den nigelnagelneuen Kahn durch eine sehr schmale und sehr gewundene Ems in die sehr weit entfernte Nordsee steuern. Da erlebt man am eigenen Leib, dass so ein Luxusliner kniffelig zu manövrieren ist. Die nicht ganz unfallfreie Fahrt einer der Autorinnen endete erst nach mehr als fünf Minuten und bescherte ihr im Spieler-Ranking Platz 20398. Was zu verschmerzen ist.

Weniger zu verschmerzen ist für die Werften auf der ostfriesischen Halbinsel die seit langem angespannte Lage, die mit vielen Um- und Einbrüchen einhergeht. So ist ein traditionsreicher Schiffsbauer – die Thyssen Nordseewerke – nicht mehr als solcher tätig. Zunächst wurde das Unternehmen vom Windkraft-Zulieferer Siag übernommen. Da war die Hoffnung noch groß, dass in den Schiffsbauhallen Bauteile für Offshore-Windanlagen gefertigt werden könnten. Doch Offshore ist an der Nordsee ein weiterhin sehr problematischer Geschäftszweig, denn die Anbindung ans Stromnetz kommt nicht vom Fleck. Siag musste Insolvenz anmelden. Der Stahlbauer DSD Steel hat die Nordseewerke übernommen und einen Großteil der Belegschaft entlassen. Wie es mit dem Unternehmen weitergeht, ist ungewiss.

Da steht die Papenburger Meyer Werft anders da. Sie gilt als Leuchtturm des Schiffbaus an der Waterkant, werden hier doch die großen Luxusliner hergestellt, zuletzt die gigantische »Quantum of the Seas«, das derzeit drittgrößte Kreuzfahrtschiff der Welt mit einer Länge von 348 Metern und einer Breite von rund 41 Metern. Diese schwimmenden Kleinstädte locken bei jeder Überführung Tausende Schaulustige auf die Deiche.

Werften der Region Ems-Achse in Zahlen

Werft	Standort	Mitarbeiter	Geschäftsfeld
Meyer Werft	Papenburg	rd. 3100	Kreuzfahrtschiffe, Fähren
Nordseewerke	Emden	240	Marineschiffbau
Cassens Werft	Emden	70	Schiffsneubau, Reparatur
Ferus Smit Werft	Leer	45	Frachtschiffe
Schiffswerft Diedrich	Oldersum	23	Schiffsreparaturen

Werft	Standort	Mitarbeiter	Geschäftsfeld
Kötter Werft	Haren	25	Binnenschiffe, Umbau
Bültjer Werft	Jemgum	20	Boots- und Yachtbau

Zu viele Schiffe

Kräftig durchgeschüttelt werden seit der Weltwirtschaftskrise im Jahr 2008 auch die Reedereien, allerdings nach einer geraumen Zeit des wirtschaftlichen Wohlstands, in der sich der Wirtschaftsraum der Ems-Achse zum zweitgrößten Reedereistandort in Deutschland entwickelte. Vor allem in Leer siedelten sich seit Mitte der achtziger Jahre Reeder an, die ihre Ausbildung im Institut für Seefahrt erhalten hatten. Da die internationalen Warenströme immer mehr Schiffsverkehr beanspruchten, fanden diese Existenzgründer hier nahezu ideale Bedingungen vor. Die maritime Wirtschaft wuchs, und wer sich geschickt anstellte, konnte am Wachstumskurs bestens partizipieren.

Aber auch die Stadt Leer profitierte von der Ansiedlung der Reeder. Denn die ließen sich im ehemals verwaisten Hafenareal nieder, das sich nach und nach zu einem urbanen Viertel entwickelte. Dass Leer heute so gut dasteht, verdankt die noch vor

Jahrzehnten wirtschaftlich arg gebeutelte Stadt also nicht zuletzt ihren Unternehmern aus der Schifffahrtsbranche.

Doch die Krise ab 2008 hat auch hier ihre Spuren hinterlassen: Nach vielen fetten Jahren kämpfen die Reeder nun mit sinkenden Charterpreisen und viel zu vielen Schiffen auf dem weltweiten Schiffsmarkt. Das aktuell kabbelige Fahrwasser wird zwangsläufig zur Bereinigung in dem umkämpften Markt führen.

Der Jade-Weser-Port: Flaute am Kai

Was allerdings passieren kann, wenn man von allzu rosigen Wachstumsprognosen ausgeht, zeigt die Entwicklung des Jade-Weser-Ports in Wilhelmshaven: Deutschlands einziger Tiefwasserhafen wartet seit seiner Eröffnung im Jahr 2012 auf Schiffe, die nicht kommen. Dabei hatten sie alle so große Erwartungen in den neuen Umschlagplatz gesetzt. Tausende Arbeitsplätze hätte er schaffen sollen. Eine globale Logistikdrehscheibe wollte er sein.

Stattdessen: Kurzarbeit im ersten Jahr für die meisten Arbeiter des Hafenbetreibers Eurogate. Und nur zwei Schiffe pro Woche. Als »Geisterhafen an der Nordsee« bezeichnet ihn mittlerweile die Presse.

Windmacher

Die Garage ist offenbar ein Ort ungeahnter Inspirationen. Steve Jobs baute seinen ersten Apple-Computer in einer, der Musiker Carlos Santana probte anfangs in der Garage seiner Mutter, und Mitte der achtziger Jahre tüftelte der Elektroingenieur Aloys Wobben zwischen Autoreifen an Windmühlen. Weltberühmt wurden alle drei, wenn auch mit sehr unterschiedlichen Produkten.

Aloys Wobben macht Wind. Und er macht das so erfolgreich, dass sein 1984 gegründetes Unternehmen Enercon inzwischen zu den führenden Windanlagenbauern aufgestiegen ist und sich gegen die internationale Konkurrenz behaupten kann. Nach den jüngsten Zahlen der Londoner Wirtschaftsforscher Globaldata (Stand März 2014) liegt Enercon derzeit sogar auf Platz zwei der Weltmarktführerschaft bei Windkraftanlagen, hinter dem dänischen Konkurrenten Vestas und vor dem chinesischen Hersteller Goldwind.

Mittlerweile hat sich der 1952 geborene Pionier aus gesundheitlichen Gründen aus seinem Unternehmen zurückgezogen. Wobben war in seinen aktiven Zeiten nicht unumstritten. Einerseits ein genialer Erfinder und strategischer Visionär, der sich zum Beispiel gegen den Einsatz seiner Mühlen auf hoher See aussprach: »Wir gehen nicht Offshore«, sagte er 2006. »Es ist zu gefährlich.« Die derzeitige Entwicklung scheint ihm recht zu geben. So jagt der Offshore-Park Bard 1 von einer Pannenserie zur nächsten, im März 2014 wurde er bis auf weiteres abgeschaltet.

Andererseits hat Aloys Wobben sich viele Feinde gemacht. Er führte das Unternehmen mit rigider Hand und hielt Transparenz für höchst überflüssig. »Verschlossen wie eine Auster«, hieß es in der Presse über »den Alten«. Gewerkschaften und Betriebsräte waren ihm verhasst. Um den Besuch von Gewerkschaftern zu verhindern, verriegelte Wobben einmal eigenhändig das Werkstor und positionierte sich davor.

Der Windmacher von der Waterkant ist der erste ostfriesische Milliardär. In der »Forbes«-Liste wird Wobben seit 2009 mit einem Vermögen von etwa 3,5 Milliarden Euro geführt.

Daten und Fakten zu Enercon

Aloys Wobben entwickelte den Wechselrichter, der dafür sorgt, dass der Gleichstrom der Windräder in Wechselstrom umgewandelt wird, wie die Stromnetze ihn brauchen. Eine weitere Erfindung war das getriebelose Windrad, das weniger störanfällig läuft, weil Getriebe normalerweise wartungsintensiv sind. Die verstellbaren Rotorblätter sind bei Enercon mit

Blattspitzen versehen, was sonst kein anderer Anlagenbauer macht.

Firmengründung: 1984

Firmensitz: Aurich

Firmenstruktur: als Dachgesellschaft agiert die UEE Holding GmbH, die Enercon GmbH bildet das Kernunternehmen dieser Gruppe; es gibt zahlreiche Tochtergesellschaften; im Oktober 2012 hat Wobben sein gesamtes Firmenvermögen in die Aloys-Wobben-Stiftung eingebracht, um die Unabhängigkeit der Firma zu sichern.

Windanlagen: mehr als 22 000 installierte Windenergieanlagen in mehr als 30 Ländern

Vom Wind zum Strom

Damit aus einer Kraftquelle wie dem Küstenwind nutzbarer Strom wird, sind viele einzelne Arbeitsschritte nötig. Darum kümmern sich Windenergieproduzenten. Unter den zehn größten für den Wirtschaftsraum zwischen Weser und Ems sind gleich vier ostfriesische Unternehmen. Das Wirtschaftsmagazin »Weser-Ems-Manager« hat sie Anfang 2014 aufgelistet:

Platz 3: Die Planungs- und Projektierungsgesellschaft für Windparks Pommer & Schwarz aus Aurich gilt als drittgrößter Windenergieproduzent im Wirtschaftsraum Weser-Ems. Die Pommer & Schwarz Erneuerbare Energien Gesellschaft GmbH (PSEEG) hat seit ihrer Gründung 900 Megawatt Windenergie installiert.

Platz 5 nimmt die Ventotec GmbH aus Leer ein. Auch sie zählt zu den führenden deutschen Anbietern im Bereich der erneuerbaren Energien mit dem Schwerpunkt auf Windenergie. Seit 1998 hat das Unternehmen gemeinsam mit dem Partner ITEC International GmbH mehr als 620 Megawatt Energie installiert mit einem Investitionsvolumen von 900 Millionen Euro.

Platz 9: Windpark nördliches Emsland GmbH, Aschendorf. Das Unternehmen entwickelt und betreut Projekte im Bereich der regenerativen Energien. Die installierte Windenergie beträgt laut einer Studie des Magazins »Weser-Ems-Manager« bis heute 110 Megawatt. Aus ihr wurden bislang 250 000 Megawattstunden Windenergie produziert.

Auf Platz 10 liegt die GNE Projektservice GmbH aus Moormerland-Neermoor: Die 1994 gegründete GNE-Gesellschaft begann 1995 mit einem ersten Windpark mit drei Enercon E-40-Anlagen in Querfurt/Sachsen-Anhalt.

Ökonomie zum Anfassen: Wo man ostfriesischer Wirtschaft ins Herz schauen kann

Meyer Werft Papenburg: Die Meyer Werft in Papenburg zeigt, wie man Luxusschiffe baut. Auch das machen sie mit Erfolg: Bis zu 300 000 Besucher kommen jährlich in das Informationszentrum der Werft.

Windenergie Holtriem: Fantastischer Ausblick von einer Windkraftanlage. In Westerholt kann man eine 65 Meter hohe Windkraftanlage besichtigen: 297 Stufen geht es etwa 60 Meter hoch auf die Aussichtsplattform.

Energie-, Bildungs- und Erlebniszentrum Aurich (EEZ): Das Erlebniszentrum mit Themen rund um die Energie soll die Besucher so zahlreich anlocken wie das Informationszentrum der Meyer Werft in Papenburg.

Emssperrwerk Gandersum: Wie sieht das aus, wenn ein so großer Fluss aufgestaut wird? Das kann man in Gandersum live erleben.

Jade-Weser-Port: Deutschlands einziger Tiefseehafen bleibt nach wie vor hinter seinen Erwartungen zurück. Dennoch ist dieser riesige Hafen beeindruckend.

Jever Brauerei: »Wer sagt denn, dass Besichtigungen immer trocken sein müssen?« So wirbt die Jever-Brauerei für ihre Firmenrundgänge.

Milchwirtschaft: von Kuhkämpfen und Misswahlen

In früheren Zeiten war die Landwirtschaft der wichtigste Wirtschaftszweig in der Region, fast die Hälfte der Bevölkerung arbeitete auf einem Bauernhof, die Mehrheit davon als Knechte und Mägde. Nach dem Zweiten Weltkrieg sank die Zahl der Beschäftigten in der Branche unaufhaltsam: Moderne Maschinen ersetzten die menschliche Arbeitskraft, Knechte und Mägde starben aus.

Was blieb: Die berühmten Rinder der Rasse Holstein – das sind die Kühe mit dem schwarz-weiß gefleckten Fell. Man sieht sie überall auf den Wiesen, denn Ostfriesland ist ein ausgesprochenes Milchwirtschaftsland und gehört wie das bayrische Voralpenland zu den milchreichsten Gegenden Europas. Im Jahr 2012 konnte man im Leeraner Heimatmuseum eine Sonderausstellung zur ostfriesischen Milchgeschichte mit dem vielsagenden Motto »Die Milch-Macht« besuchen. Derzeit gibt es in Ostfriesland etwa 2300 Milchviehbetriebe mit rund 143 000 Kühen.

Kuhle Stallvideos

Der ostfriesische Milchbauer Amos Venema betreibt zusammen mit seinem Bruder Jan einen Milchhof in Jemgum, der schon seit 1865 existiert. Die Brüder haben es sich zur Aufgabe gemacht, Verbraucher besser über die real existierende Landwirtschaft zu informieren. Dafür haben sie ein probates Mittel gefunden: einen YouTube-Kanal namens »MyKuh-Tube« (www.mykuhtube.de), den die Landesvereinigung der Milchwirtschaft Niedersachsen betreibt und an dem sich 16 Milchbauern beteiligen. »Kuhle Videos aus dem Stall« gibt es da zu sehen, wöchentlich zwei neue.

Etwa die Rangelei zweier Kuhdamen namens Anna und Herta auf der Weide. »Der Streit wird immer intensiver«, kommentiert Amos Venema, während er dreht, »Angriff von der Flanke.« Die Mädels gehen nicht zimperlich miteinander um, das kann man hier live und in Farbe sehen. Herta schiebt Anna vor sich her, drängt sie von der Weide. »Anna gibt sich geschlagen und verlässt das Gelände«, berichtet Venema. »Herta ist die Siegerin.«

Miss Ostfriesland

»Miss Ostfriesland« ist keine Schönheit von der Waterkant, die man beim Einkaufen oder in der Disco treffen könnte. Nach menschlichen Modelmaßstäben wäre sie auch etwas füllig um die Mitte herum. Dennoch hat die Jahressiegerin von 2014 die höchste Punktwertung vor allem für ihre Figur bekommen. Denn eine Misswahl in Ostfriesland hat andere Ideale im Blick als der Rest von Deutschland.

Hierzulande wird die Schönheit von Milchkühen bewertet. 2014 machte Greta das Rennen, eine schwarzbunte Milchkuh aus dem Zuchtbetrieb der Familie Haßbargen aus Barstede.

Ausgerichtet wird die Misswahl vom Verein Ostfriesischer Stammviehzüchter (VOSt eG), dem ältesten Herdbuchverband Deutschlands (gegründet 1878) und der für Ostfriesland, Friesland und Ammerland zuständigen Zucht- und Absatzgenossenschaft.

10 Kühe aus Ostfriesland, auf die der VOSt besonders stolz ist

1. Lore von Otto Boekhoff, Ostermeedlandshof, erste Kuh Ostfrieslands mit mehr als 10 000 kg Milch Jahresleistung (1910)

2. Maggea von Familie Delger in Nordloh, erste Kuh Ostfrieslands mit mehr als 100 000 kg Milch Lebensleistung (1939)

3. Dorfmädel von Familie Sanders, Loquard, 94 000 kg Milch Lebensleistung im Alter von 17 Jahren und mehrfache Schausiegerin (1944–1962)

4. Josi von Reemt Bogena, Deich- und Sielrott, 163 000 kg Milch Lebensleistung im Alter von 19 Jahren und mehrfache Siegerin auf Bundesschauen (1970–1989)

5. Salve von Renke Hobbie, Kopperburg, mehrfache Schausiegerin und Bullenmutter mit mehr als 124 Nachkommen (1979–1993)

6. Heidemarie von Onno Roelfs, Loquard, mehrfache Siegerkuh auf Bundes- und Verbandsschauen (1979–1990)

7. Tarona von Familie Tammen aus Blersum, mehrfache Siegerkuh auf Bundes- und Verbandsschauen, Weltsiegerkuh im Jahr 2000 (1995–2005)

8. Juna von der Wagenaar GbR, Jennelt, erste Kuh Ostfrieslands mit einer Jahresleistung von mehr als 20 000 kg Milch (2007)

9. Insine von Familie Kleemann aus Burhafe, Kuh mit dem deutschen Lebensleistungsrekord von 188 533 kg Milch (1992–2010)

10. Krista aus der Zucht von Jörn Wedermann, Tettens, zweimalige Bundessiegerin und internationale Schausiegerin, Hauptdarstellerin des Kinofilms »Die schöne Krista« (2014)

Die zehn ertragreichsten Bullen aus Ostfriesland
(rund 350 000 verkaufte Spermaportionen pro Tier)

Bullensperma ist ein ostfriesischer Exportschlager, es wird in die ganze Welt verkauft. Lasso, Lentini und Kollegen sind begehrte Vererber (eingetragen im Herdbuch des VOSt). Sie haben nicht nur den Spermahandel belebt, sondern auch zahlreiche Nachkommen gezeugt (Anzahl ihrer Söhne und Töchter in Klammern):

1. Lasso (175 891)   Züchter: Gerd Rüdebusch, Astede
2. Minister (126 803)   Züchter: Janssen GbR, Schenum
3. Lentini (111 688)   Züchter: Looslea Farms, Kalifornien
4. Eleve (68 726)   Züchter: Tjardo Kleen, Coldinne
5. Levin (35 170)   Züchter: Schmidt GbR, Schwerinsdorf
6. Jardin (33 410)   Züchter: Hermann Grünefeld, Backemoor
7. Derby (32 808)   Züchter: Arend Boekhoff, Kloster Muhde
8. Black (31 855)   Züchter: Sunshine Genetics, USA
9. Ubbo (20 039)   Züchter: Remmer Wilken, Cabans
10. Lukas (3521)   Züchter: Gerd Sieckmann, Grabstede

Landwirtschaft zum Anfassen

Besucher können sich hier ein eigenes Bild von der ostfriesischen Landwirtschaft machen:

Landwirtschaft	Einrichtung
Melkhuskes	Landfrauen laden auf ihren Hof zu allerlei Köstlichkeiten ein.
Archehof Aurich	Landwirtschaft wie vor 50 Jahren. Zudem zählt Familie Bohlens Hof zu den ältesten Zuchtbetrieben Deutschlands.
Käsehof Rozenburg Pilsum	Hier wird noch von Hand gekäst. Es gibt Führungen, zu denen man sich anmelden muss. Der Hofladen ist täglich geöffnet.
Landwirtschaftsmuseum Krummhörn, Campen	In einem alten Gulfhof mit beeindruckenden Gebäuden findet man alles darüber, wie es in der Landwirtschaft früher zuging.
Bauernhof Ostermarsch	Und wie sieht es auf einem modernen Hof aus? Das zeigt eine Familie in der Ostermarsch von Herzen gern.

Tourismus: Gast-Wirtschaft am »Ostfriesenspieß«

In früheren Zeiten war der Ostfriese kein sonderlich guter Gastgeber. Wer als Auswärtiger zu Besuch kam oder sich gar ansiedeln wollte, wurde schon mal »Fremdmist« oder »Fremdschiet« genannt. Als Norderney um 1800 ein vielfrequentiertes Seebad wurde, flogen Steine gegen die Fenster des Staatsbades, damit den Fremden darin nicht zu wohl wurde.

Diese Zeiten sind zum Glück vorbei. Heute ist der Tourismus einer der wichtigsten Wirtschaftszweige in der Region, und Ostfriesen setzen eine Menge in Bewegung, dass es ihren Gästen im Land gefällt.

Laut der Ostfriesland Tourismus GmbH stieg 2013 der Umsatz, der mit allen touristischen Branchen in Ostfriesland erzielt wurde, auf mehr als 2,8 Milliarden Euro, das ist ein Plus von rund 500 Millionen Euro gegenüber der Erhebung vier Jahre zuvor. Vor allem der Lückenschluss der Autobahn 31, im Volksmund auch »Ostfriesenspieß« genannt, hat den Kurzurlauber-Tourismus noch einmal deutlich verstärkt.

Wo tummeln sich die Gäste? Vor allem auf den Inseln:

Inseln	Gäste (2013)	Übernachtungen	Aufenthaltsdauer/Tage
Baltrum	45 751	349 309	7,6
Borkum	268 210	2 306 656	8,6
Juist	113 007	979 258	8,7
Langeoog	204 048	1 525 761	7,5
Norderney	492 632	3 330 036	6,8
Spiekeroog	90 972	592 890	6,5
Wangerooge	112 204	902 410	8,0
Ostfriesische Inseln gesamt	1 326 824	9 986 320	7,5

Aber auch abseits der Küsten im Binnenland:

Ort	Gäste (2013)	Übernachtungen
Aurich	75 750	227 250
Brookmerland	8976	38 220
Dunum	2040	13 260
Emden	126 762	252 178
Friedeburg	21 230	103 440
Großefehn	31 191	176 430
Hage	17 564	192 962
Holtriem	15 143	81 425

Ort	Gäste (2013)	Übernachtungen
Südbrookmerland	54666	164000
Westoverledingen	5700	80419
Wiesmoor	41558	184610
Wittmund (ohne Carolinensiel)	13023	70324
Binnenland gesamt	413603	

Wo man am liebsten Ja sagt

Sich am Strand das Jawort geben, während im Hintergrund die Wellen rauschen und die Sonne am Horizont versinkt – mehr Romantik geht kaum. Das dachten sich zumindest die Standesbeamten in Ostfrieslands attraktivsten Orten und entwickelten zusammen mit den Tourismuszentralen das Geschäftsmodell: heiraten, wo es am schönsten ist, Hotel- und Restauranttipps inklusive.

Ort	Romantik
Alter Leuchtturm, Borkum	ehrwürdiger Turm aus Backstein mit Blick auf die Nordseeinsel
Alter Leuchtturm, Wangerooge, Inselmuseum »Alter Leuchtturm«	Mit Aussicht auf das Wattenmeer zu heiraten – das gefällt seit 1996 immer mehr Paaren.

Ort	Romantik
Feuerschiff »Deutsche Bucht«, Emden	Im historischen Hafen von Emden liegt das Feuerschiff – eine ehrwürdige Kulisse.
Hochzeitshaus, Aurich	In Aurich gibt es sogar ein Hochzeitshaus: Liebevoller kann man sich nicht um Brautpaare kümmern.
Mühle, Gemeinde Hinte	Mühlen gehören zu Ostfriesland wie Leuchttürme und Möwen.
Mühle, Gemeinde Großefehn	Die Mühlengalerie in Ostgroßefehn besticht durch eine stattliche Anzahl beeindruckender Gemälde russischer Maler.
Mühle Kost Winning, aus dem Jahr 1732, Gemeinde Jemgum	Diese Mühle ist etwas ganz Besonderes, sie wurde als erster Galerieholländer errichtet. Kost Winning liegt sehr romantisch am Larrelter Tief.
Pilsumer Leuchtturm, Pilsum, Gemeinde Krummhörn	Auch im berühmtesten Leuchtturm Ostfrieslands kann man heiraten, mit Blick über den Deich.
Rathaus Leer, Stadt Leer	Das altehrwürdige Rathaus direkt an der historischen Altstadt gibt in jedem Fall einen passenden Rahmen zum Fest.
Schloss Jever, Stadt Jever	Ob Audienzsaal, Gobelinzimmer oder Biedermeierzimmer – hochherrschaftlich ist es hier allemal.

Ort	Romantik
Strand oder Hochtiedsstuuv, Norderney, Stadt Norderney	Bei gutem Wetter trauen die Standesbeamten Paare am Strand oder im historischen Fischerhäuschen, in der »Hochtiedsstuuv«.
Strand im Wangerland, Gemeinde Wangerland	Am Strand heiraten kann man auch im Wangerland.
Traditionskutter »Heike«, Gemeinde Jemgum	Heiraten auf der Ems – das ist etwas ganz Besonderes. Zum Beispiel im liebevoll restaurierten Fischkutter.

Friesische Unfreiheit

Gibt es denn nur Gutes vom Ferienland an der Nordseeküste zu vermelden? Nur lachende, fröhliche Urlauber und bestens ausgebaute Radwege? Nein. Es gibt auch ein paar Ärgernisse, und die betreffen ausgerechnet den Strand:

Ans Meer kommt man fast nirgendwo einfach so. Man muss dafür bezahlen, entweder per Tageskurkarte oder direkt per Strandgebühr. Sehr häufig steht auch ein Zaun an der Küste, manchmal noch mit Stacheldraht obendrauf, damit auch ja keiner für lau drübersteigt. Im Wangerland etwa kostet die Strandbegehung in den Monaten April bis Oktober pro Kopf drei Euro. Das ist ein Zustand, der einigen Einheimischen, allen voran Janto

Just, enorm gegen den Strich geht. Der Mann aus Schortens ist Initiator einer Bürgerinitiative, die sich »Freie Strände für freie Bürger« nennt und gerichtlich einklagen will, dass die Zäune verschwinden und die Menschen ungehindert ans Meer gelangen können. »Statt ein Gefühl von freiem Meer und weiter Landschaft haben viele ein Gefühl von Zonengrenze und dass die Welt hier wohl zu Ende ist«, heißt es auf der Homepage der Initiative. Bislang hat Just vor Gericht kein Glück gehabt, die Klage wurde im September 2014 vom Verwaltungsgericht Oldenburg abgewiesen, allerdings aus formalen Gründen. Janto Just, der Mitglied der Piratenpartei ist, will in Berufung gehen: »Schließlich sind wir keine Strandräuber.«

Ärgernis Nummer zwei betrifft die Urlauber mit Hund. An viele Strände dürfen die Tiere nicht mitgenommen werden, und wo es dann doch mal einen Hundestrand gibt, herrscht dort meist Leinenzwang – und dafür wird man mancherorts auch noch zur Kasse gebeten. Zu guter Letzt sind Hunde an einigen Stellen, wie zum Beispiel auf den Deichen, gleich ganz verboten, weil dort Schafe gehalten werden. Auch auf den meisten Inseln herrscht Leinenzwang – ganzjährig.

All das kann man vielleicht im Einzelnen hinnehmen, aber in der Summe fühlen sich Hundehalter an der Küste nicht gerade erwünscht und weichen lieber auf Feriengebiete aus, die in Sachen Hund die Nase vorn haben. Dessen ungeachtet wirbt die Ostfriesland-Touristik um Hundehalter als Feriengäste und preist die Region als »Paradies für den besten Freund des Menschen«.

Zum Glück für den urlaubenden Tierhalter gibt es aber noch das ostfriesische Binnenland. Dort kann man wirklich frei umherstreifen und seinem Vierbeiner dasselbe gönnen. Außer in der Brut- und Setzzeit (vom 1. April bis 15. Juli), aber das ist in ganz Niedersachsen nicht anders.

Durch Ostfriesland mit einem Euro

Eine echte ostfriesische Erfolgsgeschichte ist der Urlauberbus, der in Deutschland bislang eine einmalige Erscheinung ist. Seit 2009 können Ostfrieslandgäste für einen Euro pro Person und Strecke durch die ganze Region mit dem Bus touren, wenn sie ihre Gästekarte vorzeigen. Sie nutzen einfach das komplette Liniennetz der Verkehrsverbände der ostfriesischen Halbinsel. Im Jahr 2013 wurde ein neuer Rekord aufgestellt, als insgesamt 200 000 Gäste mit dem Urlauberbus unterwegs waren. Das Projekt ist derart erfolgreich, dass mittlerweile andere Regionen anfragen, wie das so geht mit dem Euro und dem Bus. Und einen Preis hat das Projekt auch gewonnen: 2012 gab es den »Fahrtziel Natur-Award« –

eine Auszeichnung für besonders gelungene Vernetzung von umweltfreundlicher Mobilität und nachhaltigem Tourismus.

Handel mit Haus und Hof: die Immobilienwirtschaft

Fast jeder Besucher kennt ihn, den Witz vom billigsten Bauland in Ostfriesland. Es liegt natürlich weit draußen im Watt und wird bei Ebbe wahlweise an Japaner, Österreicher oder Bayern verkauft. Ganz viel Fläche für ganz wenig Geld – und für ganz kurze Zeit, bis die Flut kommt. Abgesehen davon ist die Immobilienwirtschaft an der Waterkant derzeit frisch im Aufwind, vor allem auf den Inseln.

Urlaub für immer? Ferienimmobilien in Ostfriesland

Wo man Urlaub macht, kommt bei gutsituierten Gästen immer mal wieder der Wunsch nach einem eigenen Feriendomizil auf. So haben sich vor allem die Ostfriesischen Inseln, allen voran Norderney und Juist, zu regelrechten Luxusinseln entwickelt. Was die Preise von Eigentumswohnungen betrifft, rangiert Norderney mittlerweile auf Platz zwei hinter Sylt, das selbst für die gutverdienende Mittelschicht schlicht unerschwinglich geworden ist.

Diese Entwicklung ist vor allem auf Juist und Norderney nicht zu übersehen: Juist war immer eine

Perle für sich. Auf Norderney aber prägten früher Rentner und Kurgäste das Bild, heute sieht man hier junge und mittelalte Großstädter mit ihren Familien. Die steigern die Nachfrage nach Eigentum, der mit dem Generationenwechsel derzeit Hand in Hand geht, und auch da wieder in besonderem Maße auf Norderney. Viele Kinder der Insulaner haben gute Arbeitsplätze auf dem Festland und wollen nicht für einen Job in der Gastronomie inklusive Ferienwohnungsvermietung auf die Insel zurückkehren. Da stellt sich dann die Frage: Behält man das Haus der Familie, oder verkauft man es? Die Frage wird immer öfter mit »Kasse machen« beantwortet.

So werden Häuser auch im urbanen Stadtkern zu Ferienwohnungen umgestaltet und in Partien verkauft. Weil der Platz limitiert ist, regelt die Nachfrage den Markt. Die wird durch die strengen Bebauungspläne der Ostfriesischen Inseln weiter angeheizt, denn es wird keine weitere Baufläche dazukommen.

Von all dem merkt der Gast eher wenig, doch für die Gastronomen hat diese Entwicklung bereits spürbare Folgen im alltäglichen Leben: Fachkräfte, allen voran Köche und Hotelfachleute, werden händeringend gesucht. Viele Arbeitnehmer, etwa Putzkräfte, pendeln bereits vom Festland auf die Insel, da sie sich eine Wohnung dort nicht leisten können oder wollen.

Inselbonus

Lage/Gemeinde	Preis/m², Eigentumswohnungen	Wochenmiete/m²
Sylt/Kampen	10041	23,50
Norderney/Norderney, Stadt	7371	21,30
Juist	7153	12,70
Sylt/Wenningstedt-Braderup	7094	12,00
Sylt/Rantum, Sylt-Ost, Westerland	6715	13,00
Sylt/Hörnum	5117	11,70
Langeoog	4859	11,00
Föhr/Wyk auf Föhr u. a.	4580	8,00
Sylt/List	3906	11,60
Wangerooge	3821	10,20

Quelle: Manager Magazin, 5/2014

Das Glück des Ostfriesen: Wohnen im eigenen Haus

Auf dem ostfriesischen Festland sieht die Welt hingegen anders aus. Eine aktuelle Studie des Wirtschaftsinstituts Prognos (im Auftrag der Postbank) zu Wohneigentum in Niedersachsen und Bremen hat ergeben, dass Eigentum in den Landkreisen Aurich und Leer für den Durchschnittsverdiener mit einem Haushaltsnettoeinkommen bis zu 2600 Euro pro Monat noch bezahlbar ist. Dabei bedeutet »bezahlbar«: Die Finanzierungslast darf bei einem Eigenkapitalanteil von 20 Prozent höchstens 40 Prozent des Haushaltsnettoeinkommens ausmachen. Etwa 110 Quadratmeter bekommt man dort für sein Geld. Und das ist dem Ostfriesen ja sehr wichtig: im eigenen Haus zu leben, ohne von einem Vermieter abhängig zu sein.

Wer weniger verdient, der Studie zufolge also ein Nettoeinkommen von bis zu 1700 Euro pro Monat erwirtschaftet, dem bleibt das Eigenheim zumindest in den Landkreisen Aurich und Leer versagt. Etwas Eigenes in der Größe bis zu 70 Quadratmetern lässt sich dort nicht mehr finanzieren. Das kann aber auch damit zu tun haben, dass bei den beiden Landkreisen die Inseln eingerechnet werden, die die Immobilienpreise nach oben drücken.

Stadt, Land, Fluss: Wo wohnen wie viel kostet

Hier eine kleine Auswahl von Immobilien in Ostfriesland. Sie zeigt vor allem, wie groß die Unterschiede zwischen Stadt, Land und Insel sind. Leer etwa ist deutlich teurer als der Rest des ostfriesischen Festlands. Das hat vor allem mit den maritimen Wirtschaftszweigen zu tun, die die Stadt für den Häusermarkt attraktiv machen. Wer handwerklich begabt ist und es ruhig mag, kann hingegen für relativ kleines Geld auch große Grundstücke auf dem platten Land erwerben.

Norderney: Eigentumswohnung (2 Zimmer), ca. 39 Quadratmeter, Baujahr 1978, mit Meerblick: 239 000 Euro

Hesel: Einfamilienhaus, 200 Quadratmeter Wohnfläche, 800 Quadratmeter Grundstück, Baujahr 1982: 179 000 Euro

Leer: Altstadt, Eigentumswohnung (2 Zimmer), 83 Quadratmeter, Neubau: 217 000 Euro

Aurich: Plaggenburg, Baugrundstück von 1690 Quadratmetern Größe: 25 Euro/Quadratmeter (42 259 Euro)

Aurich: Innenstadt, Baugrundstück von 569 Quadratmetern Größe: 237 Euro/Quadratmeter (135 000 Euro)

Die Branche des größtmöglichen Optimismus: ostfriesische Makler

Ostfriesische Makler sind gewiefte Kaufleute. Und ihr Optimismus ist unerschütterlich. Das erleben vor allem die vielen Rentner immer wieder, die sich in die Küstenregion verliebt haben und von einem kleinen Ferienhaus träumen. Schnell stellen sie fest, dass ihrem Traum zwei Dinge im Weg stehen: Erstens ist in Ostfriesland kaum ein Haus »klein«. Zweitens erfordern die großen Häuser, die zum Verkauf stehen, oftmals noch viel Arbeit. Irgendwas ist immer. Das wissen auch die Makler und schaffen es mit viel Charme und noch mehr Optimismus, auch große Baustellen wortreich schrumpfen zu lassen. Egal wie baufällig ein Kaufobjekt auch sein mag, von einem ostfriesischen Makler wird man immer aufmunternde Sätze hören. Fehlt dem Haus eine komplette Giebelseite? »Da machen Sie sich mal keine Gedanken«, heißt es dann. »Wir haben hier tolle Handwerker. Drei Mann, drei Wochenenden, und dann steht das wieder.«

Ein Haus im Ostfriesenstil? Rotklinker!

Ostfriesland ist Rotklinkerland: Kaum ein Haus, das nicht aus den hübschen roten Backsteinen besteht. Früher gab es in der Region zahlreiche Ziegeleien, denn Marmor oder Sandstein suchte man im Umland vergebens. Da mussten die Steine schon aus Ton geformt und gebrannt werden. So hat sich eine kleine, aber feine Szene von Klinkerwerken im hohen Norden etabliert, die noch heute mit heimischen Tonen arbeiten und sie traditionell formen und brennen. Die Grenzen sind dabei nach oben offen: Von serienmäßig gefertigten Steinen bis hin zur individuellen Handsortierung in den unterschiedlichsten Formaten (Oldenburger Format, Dünnformat, Reichsformat, Sonderformate) gibt es alles.

In Europa einzigartig sind die original Wittmunder Torfbrandklinker: Die Rohlinge werden wie früher einzeln in einem speziellen Ofen mit Torf gebrannt. Erst nach zweiwöchigem Feuer holt man sie von Hand aus dem Ofen. Durch diese spezielle Technik können die Steine maßgefertigt werden. Sie sind mehrfach gebrannt, wodurch sie – je nach Wunsch – verschiedenfarbig schimmern, von dunkelrot bis hin zu einem ungewöhnlichen Lila. Nicht weniger hochwertig ist der Wittmunder Klinker. Er wird allerdings nicht ganz so aufwendig gebrannt.

Mittlerweile sind diese Steine bei Architekten so beliebt, dass sie auch für Bürohäuser, Verwaltungsgebäude und Museen eingesetzt werden. Im In- und Ausland finden sich architektonische Meisterwerke aus ostfriesischen Klinkersteinen.

Gebäude mit Wittmunder Torfbrandklinker

DaimlerChrysler-Gebäude, an der nordöstlichen Spitze des DaimlerChrysler Areals, Berlin

Das neue Lotsenhaus, Am Alten Vorhafen, Bremerhaven

Fiege Systemzentrale, frei stehendes Bürogebäude, Flugplatzgelände, Greven

Goethe-Universität in Frankfurt, Fachbereich Physik, Frankfurt

Hamburger Kontorhausviertel, Danske Hus, Hamburg

Rautenstrauch-Joest-Museum in Nordrhein-Westfalen, Köln

Klinker-Geschäftshaus, Södermalm, Stockholm, Schweden

Gebäude mit Wittmunder Klinker

Reihenhäuser Rummelsburger Bucht, Berlin-Lichtenberg

Labor- und Tierhaltungsbereiche des Friedrich-Loeffler-Instituts, Riems

Dorpshuis Jonkershove, Mgr. Schottestraat, Houthulst – Jonkershove, Belgien

Haus Wasserkunst, Stadtwerder, Bremen

Technologie- und Gewerbezentrum, historischer Hafen von Wismar

Bergstraße gepflastert, Gemeinde Worpswede

Sicherheits- und Justizministerium der Niederlande, Justizministerium JUBI Den Haag, Niederlande

Residential Building in Moskau, Residential A1 Stanislavsky, Moskau

**Die Zeitungslandschaft:
Ausdruck ostfriesischer Freiheit**

Freiheit über alles – das galt lange auch im Medienbereich: Noch vor etwa zehn Jahren konnten die Ostfriesen von sich behaupten, eine der Regionen in Europa mit den meisten selbständigen Zeitungen zu sein. Die Verleger hatten sich nach dem Krieg ein neuartiges Konzept ausgedacht. Gemeinsam gründeten sie die »Ostfriesen-Zeitung« (OZ) als große Regionalzeitung für die Region. Sie sollte für die Gewinne sorgen, damit jeder Verleger sein kleines Lokalblatt weiterbetreiben konnte. Den Mantelteil – also die überregionalen Nachrichten – bekamen sie alle von größeren Zeitungen aus dem Norden. Diese Konstellation funktionierte über Jahrzehnte gut. Bis der eine oder andere Verleger durch Fehlinvestitionen in seinem Mutterhaus in Schwierigkeiten geriet und die Anteile an der OZ verkaufte. Die ZGO – Zeitungsgruppe Ostfriesland – ist daher heute eine der beherrschenden Größen in der ostfriesischen Zeitungslandschaft. Aber anders als in anderen Regionen ist zumindest noch kein Großkonzern wie Axel Springer oder die WAZ-Gruppe auf dem Vormarsch.

- Anzeiger für Harlingerland – Ostfriesisches Tageblatt (Auflage: 14644)

- Borkumer Zeitung (Auflage: 1990)

- Emder Zeitung (Auflage: 10762)

- Jeversches Wochenblatt – Friesisches Tageblatt (Auflage: 8566)

- General-Anzeiger Rhauderfehn (Auflage: 9306)

- Norderneyer Badezeitung (Auflage: 1290)

- Ostfriesischer Kurier (Auflage: 14014)

- Ostfriesische Nachrichten (Auflage: 13854)

- Ostfriesen-Zeitung (Auflage: 37685)

- Rheiderland Zeitung (Auflage: 5536)

Zu guter Letzt: eigenes Ostfriesengeld?

Nicht ganz. Aber mitmachen bei einem ungewöhnlichen Freigeld-Experiment, das schon. Schließlich hatte der Wära-Versuch Ende der 1920er Jahre alle Zutaten, die das Ostfriesenherz entflammt: Er beschritt einen Sonderweg, und er machte unabhängig von den Kapriolen der Weltwirtschaftskrise. Damals tauchten überall in Deutschland alternative Zahlmodelle als Reaktion auf das ökonomische Desaster auf, darunter eben auch das Wära-Experiment, das auf einer privatrechtlich organisierten Tauschgesellschaft basierte.

In Ostfriesland wurde der Wära-Gedanke vom Norderneyer Badearzt Anton Nordwall und seinem Freund, dem Maler und Musiker Hans Trimborn, aufgegriffen und für Norden und Norderney umgesetzt. Für kurze Zeit beteiligten sich sogar ostfriesische Banken an diesem Versuch, etwa die Commerzbank, die Ostfriesische Bank und die Vereinsbank. Dort konnte man Reichsmark gegen Wära-Bons tauschen und umgekehrt. Wära – der Ausdruck kommt einerseits von »Währung« und andererseits von »währen«, also von andauern – war ein Tauschmittel, das in Scheinen ausgehändigt wurde und beständig an Wert verlor. So war sein Inhaber gezwungen, es rasch wieder in den Wirtschaftskreislauf einzubringen und dadurch die Regionalwirtschaft zu unterstützen. Doch das Reichsfinanzministerium setzte dem Geldabenteuer ein rasches Ende, indem es das alternative Zahlungsmittel 1931 verbot.

Aber ganz gestorben ist der Wära-Gedanke nicht. Er lebt in den vielerorts üblichen Regionalwährungen weiter, wie etwa im »Chiemgauer«. Nur eben nicht mehr in Ostfriesland.

1597

- Entstehungsjahr des ältesten Leuchtfeuers an der Nordseeküste: Auf Wangerooge wurde an der damaligen Ostspitze der Insel ein Leuchtturm gebaut, dessen Mauern mehr als zwei Meter dick waren.

- Im gleichen Jahr stürzte auf Wangerooge die Inselkirche ein.

- Jahr, in dem ein endlos langer Rechtsstreit Ostfrieslands gegen Oldenburg begann. Ostfriesland hatte Einspruch gegen Eindeichungsmaßnahmen der Oldenburger westlich des Jadebusens erhoben. Erst nach 1612 endete die Sache mit einem Vergleich.

- Jahr der sogenannten Emder Heringsordnung: Weil sich die Hamburger Kaufleute über viele faule Fische aus Emden beschwerten, erließ die Stadt eine Heringsordnung mit festgeschriebenen Qualitätsnormen. Die Emder Heringsordnung gilt heute als eine der ersten Verordnungen für Nahrungsmittel.

Verspreken is adelk, man hollen is börgerlik.

(Versprechen ist adlig, aber Einhalten ist bürgerlich.)

Natur

**Vorne hui und hinten? Noch mehr hui!
Das ostfriesische Binnenland**

Die Entdeckung Ostfrieslands steht bevor. Und zwar dem Reisenden, der nicht direkt zur Küste durchrauscht oder nur die Inseln im Blick hat. Sondern dem, der sich der Gegend langsam nähert und sich nach links und rechts hin ablenken lässt. Dort warten vielfältige Landschaften auf ihn. Ja, sogar eine über ihm: »Himmelschaft« nannte der Emder Henri Nannen seine Heimat, weil sie sich aufteile in vier Fünftel Himmel und nur ein Fünftel Land.

Dieses eine Fünftel ist voller Überraschungen. Da gibt es Moore, die durchaus noch was Schauriges an sich haben, und Meere, fernab der Küste. Rare Wälder und auch ein Urwald wollen entdeckt und Binnendünen erklommen werden, kilometerlange Wallhecken und verwunschene Gärten gilt es zu besichtigen. Man stößt auf weites Grasland, alte Gemäuer, Schlösser und Mühlen. Und dann ist da noch die Fehnkultur. Doch der Reihe nach.

Zuerst gelangt der Reisende, der von Süden kommt, zur Geest. Das ist der etwas höher gelegene

Teil des Landes, der einst von Gletschern geformt wurde. Da der Geestboden vielfach sandig ist, trifft man hier immer wieder auf Binnendünen, die von Sandverwehungen stammen, so wie im Naturschutzgebiet Holle Sand. Hier liegt auch der höchste Punkt des ostfriesischen Festlandes: der Kugelberg, eine Wanderdüne von knapp 19 Metern. Die tiefste Stelle befindet sich dagegen in der Gemeinde Krummhörn: Mit 2,5 Metern unter dem Meeresspiegel hielt man sie lange Zeit sogar für den tiefsten Punkt Deutschlands, was sie aber nicht ist (der liegt mit 3,54 Metern in Schleswig-Holstein).

Ostfriesland, ein Park

Die Geest ist ein überaus hübscher Landstrich, der zeitweise wie ein offener Park wirkt, obwohl das Land so wenige Bäume hat. Auf der Geest merkt man das aber kaum, denn dort sorgen lang gestreckte Wallhecken für den parkähnlichen Eindruck. Einst waren sie Einfriedungen des Weidelands, heute sind sie vor allem schützenswertes Kulturgut. Sie bestehen aus einem etwa ein Meter hohen und mehrere Meter breiten Wallkörper, der mit Sträuchern und einzelnen Großbäumen bepflanzt wurde.

Regelmäßige Rückschnitte machen Wallhecken arbeitsintensiv, auch lassen sich Felder, die von ihnen umgeben sind, nicht so einfach bewirtschaften wie riesige, monotone Äcker. Das hat ihren Bestand inzwischen gefährdet. Dabei sind manche Hecken tausend Jahre und älter. Sie dienen nicht nur als Begrenzung, sondern auch als Windschutz und Refugium für viele Tiere und Pflanzen. Obwohl sie unter Naturschutz stehen, ist im Raum Leer ein Großteil der Wallhecken im Lauf der vergangenen 150 Jahre verschwunden. Die Gegend um den Upstalsboom herum, also die Region bei Aurich, ist dagegen noch eine recht gut erhaltene Heckenlandschaft mit teilweise sehr alten Anpflanzungen.

Nach der Geest fährt der Reisende hinab in die Marsch, das tiefergelegene Schwemmland. Hier ist der Boden fruchtbar, hier stehen Korn und Raps, breiten sich Wiesen und Weiden aus, durchzogen von vielen Wasserläufen. Einst war die Marsch Meeresgrund. Die Schlickablagerungen der See sorgten für die ertragreichen Böden der späteren Jahrhunderte. Mit Hilfe der Eindeichungen drängte der Mensch die Nordsee zurück, wie man es gut bei der Harlebucht sehen kann, deren Wasser einmal bis nördlich von Wittmund reichte. Heute ist sie weites, grünes Land.

Meer ohne Küste

Im Binnenland findet man Strände, die am Meer liegen, obwohl die Küste weit und breit nicht zu sehen ist. Denn in Ostfriesland werden die Binnenseen

»Meer« genannt und eben nicht See – so heißt nur das Meer. Verwirrend? Man muss bloß beide Begriffe umdrehen: Die See ist das Meer, und das Meer ist ein See. Wenn man sich das einmal eingeprägt hat, kommt man in der Region gut zurecht. Rund hundert Binnenmeere soll es einst gegeben haben, die meisten sind inzwischen verlandet.

Großes Meer im Südbrookmerland: Ostfrieslands beliebteste Badewanne. Es ist ein Niedermoorsee, und »nieder« darf man hier ganz wörtlich nehmen: Das Gewässer ist nur zwischen einem halben und einem Meter tief und wird in seinem nördlichen Teil als Freizeitrevier genutzt, als regelrechtes Eldorado für Paddler, Angler, Surfer und Segler. Der südliche Teil ist Naturschutzgebiet.

Sandwater: ebenfalls ein Niedermoorsee an der Geestkante bei Simonswolde. Es ist ein Stillgewässer, das allmählich verlandet, aber immer noch Rückzugsraum ist für viele bedrohte Tier- und Pflanzenarten.

Ewiges Meer: größter Hochmoorsee Deutschlands. Liegt still und verwunschen zwischen Aurich und Dornum. Man kann ihn auf einem Holzbohlenweg betreten. Hier im Naturschutzgebiet leben noch Kreuzottern, zwar selten genug, aber es gibt sie. Wer die eigentümliche Ruhe des Ewigen Meeres spüren will, kommt außerhalb der Saison, am besten im späten Herbst.

Schaurig ist's, übers Moor zu geh'n

Und da sind wir auch schon mitten im Moor, dieser für Ostfriesland so wichtigen und typischen Landschaftsform, die einst weite Teile des Landes bedeckte, es nach Süden hin abriegelte, bis die Böden im Zuge der Moorkultivierung entwässert wurden. Die Niederungsmoore entstanden, als die Gletscher abschmolzen und ihr Wasser sich in großen Binnenseen sammelte. Sie verlandeten nach und nach, Schilfrohr wuchs bald bis zur Mitte der Gewässer, während an der Uferzone Sumpfgras und Seggen gediehen. Was abstarb, sank zu Boden und vertorfte. Die Hochmoore hingegen wurden durch Torfmoose gebildet, die sich Schicht um Schicht auf abgestorbene Pflanzen setzten, bis eine Lage von mehreren Metern entstanden war. Diese Moorform speiste sich allein durch Niederschlag, weshalb man sie auch Regenwassermoor nennt. Das ist das unheimliche, das schwankende Moor aus den Schauergeschichten, das man nur auf Bohlenwegen durchqueren konnte oder am besten gleich ganz mied.

Heutzutage gibt es selbst in Ostfriesland kein unberührtes Moor mehr, dafür einige Anstrengungen, die wertvollen Biotope zu renaturieren. Vor allem durch Wiedervernässung, aber auch durch die Beweidung mit Moorschnucken, die die nachwachsenden Baumsprossen abfressen und so verhindern, dass das Moor verbuscht, wie im Gebiet des Stapeler Moors. Im Sommer 2014 haben Naturschützer sogar ein kleines Areal im Victorburer Moor bei Aurich aufgekauft, um das Breitblättrige Knabenkraut, eine stark gefährdete Orchideenart, vor dem Aussterben zu retten.

So ändern sich die Zeiten: Wo früher die Moorkolonisten alles dafür gegeben haben – sogar ihr eigenes Leben –, um den Boden unter ihren Füßen endlich trocken zu kriegen, will der Mensch von heute ihn wiedervernässen, weil er unter anderem erkannt hat, welch effektive CO_2-Speicher die Moore sind.

Torf für das Dorf

Im 17. Jahrhundert entstand im Zuge der Moorkultivierung eine gänzlich neue Siedlungsform in Ostfriesland: die Fehnkolonie. Die Bevölkerung hatte im baumarmen Land einen hohen Bedarf am Brennstoff Torf, schon allein, um ihre Ziegeleien zu betreiben. Und dieser Rohstoff lagerte im Inneren der Moore. Um ihn zu bergen, wurden Kanäle in die Moorgebiete gegraben und mit einem nahe gelegenen Flusslauf verbunden. Die neuen Wasserläufe dienten zum einen der Entwässerung, zum anderen dem Abtransport des gewonnenen Torfs. Siedlungswillige Ostfriesen zogen an die Kanäle, pachteten Grundstücke, die sie abtorften und urbar machten. Doch es war eine mühselige Schinderei. »Dem Ersten der Tod, dem Zweiten die Not, dem Dritten das Brot«, hieß es und bedeutete, dass erst die nachfolgenden Generationen von der harten Arbeit der Fehntjer, wie die Moorkolonisten genannt wurden, profitieren konnten.

Die Torfgewinnung erschuf im Lauf der Zeit neue Tätigkeiten: Fehnschiffer transportierten den Brennstoff über die Kanäle stadtwärts. Bootswerften stellten die »Torfmuttjes« her, wie man die Schiffe nannte. Buchweizen wurde angebaut, denn der konnte auf den kargen Moorflächen gedeihen.

Großefehn war die erste Fehnsiedlung auf ostfriesischem Boden, sie entstand 1633. In den Folgejahren wuchsen überall gleichartige Fehndörfer heran (»Veen« ist das holländische Wort für Moor): Ein Hauptkanal wurde angelegt, den rechts und links die Häuser der Bewohner säumten. Vom Hauptkanal gingen zahlreiche Seitenkanäle ab, die sogenannten Nebenwieken. Heute sind diese Fehnsiedlungen eine Touristenattraktion: Die Backsteinhäuschen wirken wie geschrubbt, die Klappbrücken über die Kanäle sind malerisch weiß gestrichen, die Wasserstraßen führen schnurgerade über grünes Land, man kommt an Windmühlen und Gulfhöfen vorbei, den großen bäuerlichen Gehöften früherer Tage. 173 Kilometer lang ist die Fehnroute insgesamt, die man am besten per Fahrrad erkundet.

Wenig Bäume? Mag sein, aber was für welche!

Wälder sind auf der ostfriesischen Halbinsel rar. Aber die, die es gibt, sind ungewöhnlich schön. Zum Beispiel der Neuenburger Urwald in Friesland mit seinen bis zu 800 Jahre alten Eichen und hünenhaften Buchen. Viel Totholz sorgt dort für reichen Pilzbewuchs und bietet Höhlenbrütern ein Refugium. So wie die vor kurzem umgestürzte berühmte Dreheiche, ein uralter Riese mit seltsam verdrehtem Wuchs. Der Koloss wird nun liegenbleiben und anderen Arten als Unterschlupf und Nahrungsgrundlage dienen, so wie es sich für einen Urwald gehört.

Die meisten ostfriesischen Wälder sind Mischwälder, oft von Heideflächen und Sanddünen unterbrochen. Manche dieser als »Eierberge« genutzten Dünen ragen sogar über die Baumwipfel hinaus, so dass man über das weite Land blicken kann, wie im Wallinghausener Wald bei Aurich.

Wer durch den Heseler Wald streift, hat mit rund 600 Hektar eines der größten zusammenhängenden Waldgebiete Ostfrieslands vor sich und kann das untergegangene Kloster Barthe suchen gehen. Die Umrisse der ehemaligen Gebäude sind heute durch Hecken markiert.

Garden Route in Südafrika? Nein, in Ostfriesland!

Auf seiner Rundreise durch das Binnenland wird der Besucher feststellen, dass Ostfriesland vor allen Dingen ein menschengemachtes Land ist, eine Kulturlandschaft: Die Deiche halten das Meer zurück – so konnte die Marsch besiedelt werden. Die Landgewinnung trotzte der See weitere Flächen ab. Die Geestmoore wurden trockengelegt und zum neuen Lebensraum für Menschen. Wasserläufe wurden gezogen, kurz: Die Ostfriesen haben sich ihr Land praktisch selbst geschaffen. So ist es kein Wunder, dass sie auch für wunderschöne Gärten gesorgt haben wie zum Beispiel den Schlosspark Lütetsburg, den man zu wirklich jeder Jahreszeit aufsuchen kann. Wenn das Laub gefallen ist, sieht man erst den knorrigen und in sich verschlungenen Wuchs der alten Baumriesen. Wer Bäume liebt, kommt hier voll auf seine Kosten, selbst »im baumlosen Land«, wie Fontane einst dichtete – der ein begeisterter Anhänger des Schlossparks war. Und auf der Krummhörn gibt es für Gartenfans eine ausgesuchte Gartenroute: Da kann man in die privaten Kleinode gartenverrückter Ostfriesen hineinblicken, Künstlergärten besichtigen und sich bei einem Landhauspicknick in herrschaftlichen Parks verlieren.

Versprochen: An solchen Tagen denken Sie nicht eine Sekunde ans Meer, pardon, an die See.

Burgfräulein und Schlossgespenst?

Im Ihlower Forst geht eine Weiße Frau um, so steht es in einer alten ostfriesischen Sage. Sie steht in stürmischen Nächten an einem der Seen, durchscheinend weiß, hebt die Hände ans Gesicht und klagt leise. Ihre Geschichte geht so: Einst trafen sich an jenem Teich im Wald eine Fürstentochter und ein junger Mönch, beide waren in Liebe füreinander entbrannt. Doch der Abt des nahen Klosters kam ihnen auf die Schliche. Er lauerte dem Liebespaar auf und stieß den Mönch ins Wasser, so dass der ertrank. Am anderen Morgen fanden Jäger den toten Leib der Fürstentochter. Die Leiche des Mönchs jedoch und auch der Abt selbst waren verschwunden und zeigten sich nie mehr.

Vermutlich spukfreie Schlösser

Gebäude	Baujahr
Schloss Jever	ab 1428 (auf den Ruinen einer Häuptlingsburg)
Osterburg Groothusen	13./14. Jh.; heute im Privatbesitz
Burg Hinta (in Hinte)	13./14. Jh.; heute im Privatbesitz

Gebäude	Baujahr
Evenburg Leer-Loga	Baubeginn in den 1630er Jahren, weitgehender Abriss im 19. Jh., Restaurierung 2004–2007
Schloss Gödens Sande	1671
Wasserschloss Norderburg	14. Jh.; beherbergt heute eine Schule
Manninga-Burg Pewsum	15. Jh; heute kann man in der Burg auch heiraten

Mühlenland

Die Zeit der ostfriesischen Mühlen begann im Jahr 1424. Da wurde bei Esens eine Bockwindmühle zum ersten Mal urkundlich erwähnt. Im Lauf der nächsten Jahrhunderte kamen in Ostfriesland mehr als 170 Mühlen unterschiedlicher Bauart hinzu. Heute gibt es nur noch knapp 80, da bereits gegen Ende des 18. Jahrhunderts das Mühlensterben einsetzte. Man kennt Bockwindmühlen – das ist der älteste Mühlentyp, bei dem das gesamte Gehäuse in den Wind gedreht wird –, Erd- und Galerieholländer (nur die Kappe mit den Flügeln steht im Wind; dieser Typ hat die Bockwindmühle abgelöst) oder Wasserschöpfmühlen. Wie sie auch gebaut sind und wo sie auch stehen, immer drücken sie der Landschaft ihren

Stempel auf: Sie sind das Wahrzeichen eines Landes, das sich stets nach den Elementen richten musste: nach Wasser und Wind.

Mühle, Standort	Besonderheit
Mühle Mitling-Mark, Westoverledingen	in der Mühle kann geheiratet werden
Berta-Mühle, Ihlowerfehn	wurde umfänglich restauriert und kann besichtigt werden
Kokermühle, Riepe-Leegmoor	Wasserschöpfmühle; wieder voll funktionsfähig, kann besichtigt werden
Wedelfelder Wasserschöpfmühle, Neustadtgödens	voll funktionsfähig, die Mühle entwässert zu Schauzwecken
Tjadenmühle, Südcoldinne	Wasserschöpfmühle, kann besichtigt werden
Bockwindmühle, Dornum	Ständerwindmühle von 1626: die älteste erhaltene Mühle in Ostfriesland, kann besichtigt werden
Zwillingsmühlen, Greetsiel	die bekanntesten Mühlen in Ostfriesland und Wahrzeichen Greetsiels; 2013 durch einen Sturm schwer beschädigt
Hager Mühle, Hage (Landkreis Aurich)	30,2 Meter hoch und damit die höchste Mühle Deutschlands; nur von außen zu besichtigen

Mühle, Standort	Besonderheit
Meints Mühle, Aurich-Tannenhausen	kleinste niedersächsische Mühle der Bauart »Erdholländer«, 7 Meter hoch; Museum
Doppelkolbenwasserpumpmühle, Wirdum	einzige bekannte Mühle dieser Bauart in Deutschland, die zumindest teilweise funktionsfähig ist
Inselwindmühle »Selden Rüst«, Norderney	einzige Mühle auf den Ostfriesischen Inseln; Restaurant und Teestube
Kost Winning, Emden, Larrelter Tief	wieder voll funktionsfähig, kann besichtigt werden

Das Watt: Weltnaturerbe und gefährliches Pflaster

Das Watt ist riesig: Mit dem dänischen Teil nimmt es eine Fläche von 11 500 Quadratkilometern ein und ist damit etwa so groß wie das Emirat Katar. Das Wattenmeer der Nordsee ist nicht das einzige, aber das größte Wattenmeer der Welt.

Das Watt ist lebendig: Auf einem Quadratmeter seines Bodens wimmeln Millionen Kieselalgen, Tausende von Kleinstkrebsen, Muscheln, Schnecken und Würmer. Hinzu kommt der Artenreichtum: Etwa 10 000 Pflanzen- und Tierarten leben im Wattenmeer, 2300 weitere auf den Salzwiesen und nochmals 2700 in den marinen und brackwasserhaltigen Zonen. Darüber hinaus ist das Watt Rast- und Überwinterungsgebiet für etwa zehn bis zwölf Millionen Zugvögel pro Jahr.

Das Watt ist geschützt: Seit Ende Juni 2009 gehört das Deutsch-Niederländische Wattenmeer zum UNESCO-Weltnaturerbe, genau wie das Great Barrier Reef vor Australien oder der amerikanische Grand Canyon. Im Sommer 2014 wurde das komplette Wattenmeer inklusive seines dänischen Teils zum Weltnaturerbe erklärt. Nun teilen sich drei Staaten das Wattenmeer und damit seinen Schutz: die Niederlande, Deutschland und Dänemark.

Das Watt ist gefährlich: Wer es betritt, wandelt auf Meeresgrund, das darf man nicht vergessen. Die Flut kann schnell sein. Jedes Jahr fordern unkundige Wattwanderer die See heraus, jedes Jahr ertrinken mehrere Menschen. Daher: Wattwandern *immer nur* mit einem Wattführer. Der kennt auch alle Priele, die sich bei Flut wieder als Erstes füllen und den Rückweg abschneiden. Abgesehen davon, dass es mit einem Profi viel mehr Spaß macht, im Watt zu sein. Was der einem auf der vermeintlich leeren Fläche so alles zeigen kann, ahnt man nicht im Geringsten.

Das Watt ist musikalisch: Selbst erfahrene Wattführer wie Albertus Akkermann auf Borkum haben großen Respekt vor den Gezeiten. Und eine große Liebe zum Watt. Wer bei Akkermann und seinen Kollegen mitwandert, dem werden die Augen geöffnet für die unglaubliche Lebendigkeit dieses Biotops. Da beißen einem Seeringelwürmer sacht in den Finger, oder man hört das Knistern der Schlickkrebse, die nach Nahrung suchen. Und manchmal, wenn das Wetter mitspielt, nimmt der Borkumer Wattführer sogar sein Akkordeon mit hinaus in die nasse Weite. Das macht sonst keiner an der Nordseeküste. Und spätestens nach drei oder vier Liedern von der See ist aus der braunen Ödnis ein ganz wundersamer Ort geworden, den man nicht mehr vergisst.*

*Mehr über den Wattführer Akkermann kann man in dem Buch ›Inselstolz‹ von Gerhard Waldherr nachlesen, Ankerherz Verlag, Hamburg 2013

Empfehlenswerte Wattwanderstrecken
(einfache Strecken, zurück mit dem Schiff)

- Vor der Insel Juist. Hier ist das Watt weniger schlickig, sondern trocken und fest (vom Festland aus führt keine Wattwanderung zur Insel).

- Von Neßmersiel nach Baltrum. Die Wanderung von 6 Kilometern führt durch mehrere Priele.

- Von Neßmersiel nach Norderney, ca. sieben Kilometer. Auf der Insel angekommen, durchstreift man auf einem Naturpfad noch wunderschöne Salzwiesen (Wanderung einfache Strecke insgesamt etwa zehn Kilometer).

- Von Neuharlingersiel nach Langeoog: nur für sportliche und erfahrene Wattwanderer. Diese Wanderung ist anspruchsvoll, führt durchs Watt über zehn Kilometer, ein ausgedehntes Schlickfeld von etwa drei Kilometern wird am Anfang durchquert (das ist mühsam und geht in die Beine!). Wer noch nicht genug hat, nimmt die zehn Kilometer auf der Insel (von der östlich gelegenen Meierei bis zum Ort Langeoog) auch noch auf sich. Die anderen fahren mit der Pferdekutsche.

- Von Schillig nach Minsener Oog: hin und zurück, es geht keine Fähre! Einige Priele werden durchquert, die sehr voll mit Wasser stehen können (Badehose mitnehmen!) Minsener Oog ist eine unbewohnte Vogelinsel südöstlich von Wangerooge, die man nur sehr eingeschränkt betreten darf. Die Tour führt überwiegend durch Sandwatt, es gibt wenig Schlickanteile. Auf der Insel erwartet einen häufig der Vogelwart, der Nester und Gelege zeigen kann.

Tod im Watt

Dass sich jedoch auch Einheimische schrecklich irren können, beschreibt die 2013 erschienene Novelle ›Auflaufend Wasser‹ von Astrid Dehe und Achim Engstler auf bedrückende Weise. Sie erzählt die wahre Geschichte von Tjark Evers, einem gebürtigen Baltrumer und Seemann in Ausbildung, der sich im

Jahr 1866 zur Weihnachtszeit fälschlicherweise auf einer Sandbank statt auf seiner Heimatinsel absetzen lässt. An diesem Tag herrscht dichter Nebel. Doch Evers ist überzeugt davon, seinen Heimatstrand vor sich zu haben, und lässt das Boot entschwinden, das ihn gebracht hat. Als er sich zu seinem Elternhaus aufmachen will, bemerkt er bald seinen tödlichen Irrtum: Wohin er sich auch wendet, das Wasser folgt ihm nach. Denn in Wahrheit befindet er sich nicht auf Baltrum, sondern auf einer Plat, einer Sandbank östlich der Insel, und unaufhaltsam rollt die Flut heran, die ihn ertränken wird. In der Zeit, die ihm noch bleibt, schreibt er: einen Abschiedsbrief an seine Familie, Zeilen für die Mutter, Gebete. Das Notizbuch steckt er in eine Zigarrenkiste, die er mit seinem Halstuch verschnürt. Die Kiste treibt später an Land, wo sie heute, zusammen mit Tjark Evers Notizbuch, auf Baltrum zu besichtigen ist (Museum Altes Zollhaus am Bummert, Haus Nr. 18).

Watt für Vögel waten im Watt?

Ein Weltnaturerbe ist das Wattenmeer aus gutem Grund: Es gilt als eines der weltweit wichtigsten Gebiete für die etwa zehn bis zwölf Millionen Wat- und Wasservögel pro Jahr. Sie können hier ungeniert fressen und Energie tanken, um im Watt zu überwintern, zu brüten oder – im Falle der Zugvögel –

ihre langen Reisen anzutreten. Etwa zwei Millionen Gänse und Enten, sieben Millionen Watvögel und zwei Millionen Seeschwalben und Möwen halten sich im Watt zwischen Holland und Dänemark auf. Trotzdem wird man viele von ihnen selten zu Gesicht bekommen, denn sie suchen sich ungestörte Plätze rund um das Wattenmeer. Das wird nur zunehmend zum Problem: Da es immer weniger ruhige Stellen gibt, gehen auch die Vogelbestände im Nationalpark zurück.

Warum die Watvögel nicht Wattvögel heißen? Weil sie nicht nur durch Schlick und Schlamm waten, sondern auch durch Teiche oder Kanäle.

Austernfischer: taubengroß mit einer ähnlichen Färbung wie ein Storch, roter Schnabel und rote Beine, das ganze Jahr über sieht man Austernfischer an der Nordsee. Sie sind ziemlich laut, da sie meist in Schwärmen ganze Sandbänke besetzen, um nach Essbarem zu stochern.

Sanderling: kleiner Strandläufer, weißer Bauch, graubrauner Rücken, schwarzer Schnabel und schwarze Beine, wird auch »Keentied« (keine Zeit) genannt, da der kleine Zugvogel auf der Suche nach Nahrung unglaublich schnell am Meer entlangläuft und »gehetzt« wirkt. Überwintert bei uns und fliegt zum Brüten noch höher in den Norden.

Säbelschnäbler: taubengroß mit säbelförmigem Schnabel, er läuft kopfschüttelnd durchs Watt, weil er auf diese Weise nach kleinen Krebsen und Fischen sucht. Die Jungvögel fliegen bereits im Sommer Richtung Afrika, wo sie überwintern. Die Alttiere wechseln erst noch ihr Gefieder und fliegen im September hinterher.

Großer Brachvogel: braun gesprenkelt, groß wie ein Huhn, aber mit langem gebogenen Schnabel. Diesen selten gewordenen Vogel überhaupt fliegen zu sehen ist ein großes Glück. Ihn am Meer fliegen zu sehen ist noch größeres Glück – denn hierher kommt er nur im Winter, um majestätisch segelnd nach Futter zu suchen. Im Sommer brütet er in den wenigen verbliebenen Mooren.

Lachmöwe: markanter schwarzer Kopf im Sommer, im Winter weiß bis auf einen Fleck am Ohr, gehört zum Meer wie das Rauschen und ist überall anzutreffen, wo es was zu fressen gibt. Sie ist der häufigste Brutvogel im Wattenmeer.

Steinwälzer: amselgroß, braunschwarz mit weißem Bauch, kurze, orangerote Beine. Der Steinwälzer kann – gemessen an der Körpergröße – extrem schuften. Er schiebt Muscheln, Steine oder Holz weg, um Nahrung zu finden.

Ringelgans: schwarzgrau mit graubraunem Rücken, weißem Unterschwanz und einem weißen Ring am Hals, sie haben mit 3600 Kilometern Anreise den längsten Weg der europäischen Meergänse. Sie brüten im Sommer im hohen Norden und überwintern bei uns. Schnattern nicht wie viele andere Gänse, sondern sind eher leise, aber durchaus angriffslustig, wenn man sie verärgert.

Sandregenpfeifer: kleiner Vogel mit schwarz-weißem Kopf, gelbem Schnabel mit schwarzer Spitze. Sie kommen im Mai und August zum Brüten, wobei sie ihre Eier einfach in den Sand legen – was wenige Urlauber wissen. So sterben durch Störungen so viele Junge, dass ihr Bestand stark gefährdet ist.

Kiebitz: taubengroß, markanter Kopfschmuck, weiße Unterseite und schwarze Flügel, »Vogel des Jahres« 1996, ist leider auch in seinem Bestand gefährdet. Mit seinem markanten Ruf (Kiwitt, Kiwitt, Kiwitt) hört man ihn gleich, wenn er im Sommer an der Nordsee brütet.

Knutt: kleinwüchsig, im Winter grau-weiß, im Sommer rostbraun, kleiner Zugvogel, der bis zu 4000 Kilometer nonstop zurücklegt und im Mai an der Nordseeküste rastet. Er wirkt ein wenig plump, wenn er am Strand entlangläuft.

Küstenschwalbe: schwarzer Kopf, roter Schnabel und rote Beine, der kleine Vogel hat den längsten Zugweg der Wattenmeer-Vögel: Einige von ihnen überwintern sogar in der Antarktis.

Glossar

Balje: tiefe Fahrrinne im Watt, auch bei Ebbe schiffbar

Fehn: von niederländisch Veen (= Moor), Anhängsel an die Fehndörfer (Rhauderfehn, Großefehn etc.)

Gat/Gatt (auch Seegatt): Durchlass, Gezeitenrinne zwischen den Inseln. Durch die Gatts fließt das Wasser der offenen See ins Watt und wieder hinaus.

Hammrich: große Wiese oder Weidefläche in der Marsch, durchzogen von Schlooten

Heller: Deichvorland oder auch Salzwiese

Meede: Wiese mit Futtergras, Heuland

Plate (Plat, Plaat): große Sandbank im Watt, meist in der Nähe einer der Inseln

Priel: flache Rinne im Watt, auch bei Ebbe mit Wasser gefüllt, jedoch nicht schiffbar

Queller: auch Friesenkraut genannt; einzige Salzwiesenpflanze, die Salz zum Überleben braucht, besiedelt das Watt als erste Pflanze vor allen anderen

Schloot: kleiner Wasserlauf, Graben

Schoot: künstlicher Entwässerungsgraben

Sielacht: Verband, der sich um die Entwässerung der ihm zugeteilten Region kümmert

Tief: kleinerer Fluss bzw. Wasserlauf auf der Marsch

Verlaat: Schleuse (kommt von *Verlassen* = ein Schiff wird durch die Schleuse ins Meer entlassen)

Wieke: kleiner Seitenkanal im Fehngebiet

Ostfrieslands natürliche Perlenkette: die Inseln – und zwar alle!

Lange Zeit hielt man die sieben bewohnten Ostfriesischen Inseln für abgesplitterte Festlandsreste, so wie es die Nordfriesischen sind. Aber nein, in Ostfriesland liegen die Dinge anders, so auch bei der Entstehung der Düneninseln. Sie sollen vor ein paar Tausend Jahren aus einem Strandwall geschaffen worden sein, der durch die Gezeitenströme in mehrere Teile gespalten wurde.

Welcher Seemann liegt bei Nanni im Bett?

Mit dieser Eselsbrücke hat man sich früher die sieben Eilande gemerkt. So einprägsam der Merkspruch auch sein mag, er hat seine Tücken: Erstens muss man dabei die Inseln von rechts nach links abzählen, gegen den üblichen Lesefluss, so dass man mit Wangerooge statt mit Borkum anfängt. Zweitens schreibt sich Juist ja mit J und nicht mit I, daher passt der Spruch nicht so recht.

Deshalb hatte der Radiosender FFN seine Hörer 2014 aufgefordert, eine neue Eselsbrücke zu kreieren. Diese hier hat das Rennen gemacht:

»Bei jeder Nordseeinsel buddeln lustige Seemänner Wattlöcher«

Dann gibt es aber noch eine dritte Tücke, an der auch der neue Spruch nichts ändert: So kann man sich nur die bewohnten Inseln merken, nicht aber die unbewohnten, von denen es immerhin fünf gibt. Und auch nicht die versunkenen oder die kürzlich entstandenen.

Denn die ostfriesische Inselwelt ist mächtig in Bewegung. Zwar wandert sie nicht, wie man lange Zeit dachte, von West nach Ost. Dieser Gedanke liegt nahe, da an den Westseiten der Inseln stetig Land abgetragen wird, während sich an den Ostenden Sand festsetzt, wodurch die Inseln tatsächlich ostwärts driften. Doch das liegt an der Brandung, den Strömungsverhältnissen und daran, dass das Wasser der offenen See zwischen den Inseln durch tiefe Rinnen ein- und ausströmt, die man Seegaten nennt. Dabei drückt die Flut von Westen herein, die Gezeitenströme ziehen gen Osten, wodurch die stetige Verlagerung von Land bzw. Sand in die östliche Richtung zustande kommt. So mussten seit dem Mittelalter alle Inseln außer Borkum und Langeoog ihre Orte vom westlichen Ende nach Osten verlagern.

Die Seegaten selbst wandern jedoch nicht mit, was bei einer echten Wanderung der Fall wäre. Für die Seegaten sind nur geringe Rinnenverlagerungen dokumentiert.

Dafür ziehen die Ostfriesischen Inseln unaufhaltsam nach Süden, wie man bei Bohrungen festgestellt hat: Wangerooge ist nach Lage der Bohrbefunde in den vergangenen 7500 Jahren um sechs Kilometer nach Süden gewandert – durch den Anstieg des Meeresspiegels im Lauf der letzten Jahrtausende. Die Verlagerung nach Osten hin betrug etwa 2,5 Kilometer, gemessen innerhalb der vergangenen 400 Jahre.

Die bewohnten Eilande

Die glorreichen Sieben haben viel gemeinsam: zur Seeseite hin traumhafte, lange Sandstrände. Eine Dünenkette, die die Inselorte vom Wind abschirmt, noch mehr Dünen im Inselinnern und zur Festlandseite hin Salzwiesen und Watt. Aber sie sind auch ziemlich verschieden, so dass für jeden Geschmack etwas dabei ist. Und da viele der Inselurlauber Stammgäste sind, steuern sie meist ihre Insel an und machen keine Experimente. Wer Langeoog-Fan ist, wird Spiekeroog links liegen lassen. Und umgekehrt.

Borkum: Sie liegt von allen sieben Inseln am westlichsten in der See, hat schon Hochseeklima und ist nach Norderney die Insel mit dem stärksten Touristenaufkommen – und zugleich die größte.

Im 18. Jahrhundert war Borkum eine Insel der Walfänger, was man noch heute an manchen Zäunen aus Walbein erkennen kann. Und höchst gefährlich für vorbeiziehende Schiffe war sie auch: Am Borkumriff strandeten so viele, dass man dort vom »Friedhof der Schiffe« sprach. Wie man aus der Häuptlingszeit des Festlandes weiß, sorgten Strandungen oft für erkleckliche Einkünfte derjenigen, die sich zur rechten Zeit am rechten Ort einfanden und die angeschwemmte Fracht bargen. Da machten die Borkumer keine Ausnahme. So ist es nicht verwunderlich, dass sie sich einst dagegen auflehnten, ein Leuchtfeuer zu unterhalten, das den Schiffen auf hoher See den Weg wies. Nützte aber alles nichts: Das Leuchtfeuer wurde von der preußischen Regierung angeordnet und den Borkumern bei Strafe verboten, »den Feuerturmwärter im Geringsten zu behelligen«.

Juist: Die Karibik kann es kaum besser: Mehr als 17 Kilometer lang ist der Sandstrand von Juist. Die Insel ist sowieso die längste von allen, dabei aber sehr schmal (an manchen Stellen nur 500 Meter breit). Von ihren Bewohnern lässt sie sich »Töwerland« nennen, Zauberland. Das klingt sehr romantisch, dabei ist der Ursprung des Namens alles andere als das. »Töwer« bedeutet im Altplattdeutschen »Hexe«. Im 16. Jahrhundert wurden drei Frauen auf Juist der Hexerei bezichtigt und an einem Tag verbrannt.

Heute gilt Juist als die Insel für die Unaufgeregten, denn es ist hier sehr, sehr ruhig. Auch die Natur gibt sich gern zurückhaltend: Hinter Dünen liegt der wildromantische Hammersee, ein Süßgewässer, das ein langsam verlandendes Wasservogelparadies ist und zu den schönsten Rückzugsgebieten der Insel gehört. Mit der Fähre ist Juist nur bei Hochwasser zu erreichen; mit dem Flugzeug jederzeit. Allerdings muss man dann noch eine Stunde mit der Pferdekutsche ins Dorf fahren, Autos gibt es auf der Insel nicht.

Norderney: Ja, sie ist die Insel mit den meisten Touristen. Hier gibt es einen lebhaften Stadtkern, hier ist viel los. Doch auch Ruhesuchende kommen auf ihre Kosten, wenn sie sich etwas abseits halten. Ein Mauerblümchen ist Norderney nicht und war es auch noch nie: Schließlich entstand hier im Jahr 1797 das erste Seebad der Ostfriesischen Inseln.

In den Sommermonaten fahren die Fähren fast stündlich. 3,3 Millionen Übernachtungen pro Jahr sprechen eine klare Sprache (bei rund 6000 Insulanern). Prachtbauten aus der Gründerzeit der Insel säumen den Kurplatz, vor allem das Conversationshaus macht äußerlich was her – aber auch von innen: Wenn draußen die Stürme toben, findet man im Lesesaal dicke Clubsessel, in denen man es sich gemütlich machen und vom Blanken Hans lesen kann. Oder man blättert in einer der kleinsten Tageszeitungen Deutschlands.

Baltrum: Die ruhigste, (wohl immer noch) kleinste und bodenständigste Insel von allen, die deshalb gern das »Dornröschen der Nordsee« genannt wird. Dabei kann man hier auch was erleben, wenn man nur genauer hinguckt: Im Sommer zum Beispiel gibt es regelmäßiges Singen in den Dünen. Zaungäste und Mitsänger sind herzlich willkommen. Und die Spieler der Inselbühne führen während der Saison ihre im Winter geprobten Stücke einmal pro Woche auf.

Baltrum ist schnell abgeschritten, bei nur 5,5 Kilometern Länge. Autos gibt es nicht, auch Fahrräder darf man nicht auf die Insel mitnehmen. Hier geht man zu Fuß oder nimmt die Pferdekutsche. Es gibt zwei Dörfer, Westdorf und Ostdorf, und das war's. Straßennamen existieren nicht, die Häuser tragen Nummern nach dem Zeitpunkt ihrer Erbauung: Das älteste hat die kleinste Nummer, und so fort. Wer ins Dünental abtaucht (zwischen dem Nordrand und der Inselmitte gelegen), kann der »Baltrumer Nachtigall« lauschen: der Kreuzkröte, die für ihre weithin hörbaren Frühjahrskonzerte bekannt ist.

Langeoog: Diese Insel hat es ihren Bewohnern in den vergangenen Jahrhunderten nicht leichtgemacht. Sie mussten zwischendurch sogar ihre Heimat verlassen. Nach der verheerenden Weihnachtsflut von 1717 war die Insel menschenleer. Dann kamen im Jahr 1723 die ersten Familien zurück und wagten einen Neuanfang. Wer die See deshalb gern im Blick hat, tut das am besten auf der hochgelegenen Strandpromenade. Der Weg windet sich in

15 bis 20 Metern Höhe über die Dünenkette, von wo aus man einen grandiosen Blick über die offene See hat. Wer noch höher hinauswill, steigt auf Langeoogs Wahrzeichen, den leuchtend weißen Wasserturm. Am Osterhook, dem Ostzipfel der Insel, kann man sein Fernglas auf die nahe gelegenen Seehundbänke richten oder auf die Nachbarinsel Spiekeroog. Apropos Spiekeroog: Jedes zweite Jahr steigt auf Langeoog eine echte Party. Dann, wenn die Spiekerooger kommen und mit ihnen ihr Schlagballteam. Das klingt zwar etwas antiquiert, wo man sich anderswo mit Kite-Surfing und Beachvolleyball den Tag vertreibt. Aber Schlagball hat hier Tradition, das Turnier findet seit 1958 statt, wechselweise auf der einen, dann wieder auf der anderen Insel. Und die vielen Fans finden das alles andere als verstaubt, sondern feiern, was das Zeug hält.

Spiekeroog: Hier soll es was Besonderes geben: das Spiekeroog-Gefühl. Das sagen zumindest die, die Stammgäste sind, oft schon in zweiter oder dritter Generation. Auf dieser Insel gehen die Uhren noch mal anders: Es gibt keinen Fahrradverleih, nur eine Pferdebahn. Es gibt auch nur ein Dorf. Das ist mit seinen uralten Bäumen bilderbuchschön, ja, es soll das schönste Dorf überhaupt auf den Ostfriesischen Inseln sein. Geschützt liegt es in der Inselmitte, zum Strand geht man eine Viertelstunde. Spiekeroog geriet in den vergangenen Jahren in die Schlagzeilen durch den Bremer Reeder Niels Stolberg, der hier alles auf den Kopf stellen wollte und auch einiges gestellt hat – bis er 2011 pleiteging. Jetzt müssen neue Käufer für seine ehemaligen Immobilien gefunden werden, aber das scheiterte bislang an den Inselauflagen. Dafür hat das Eiland einen stattlichen Baumbestand und kleine Wäldchen zu bieten, sonst eine Rarität auf den sieben Schönheiten. Und das älteste erhaltene Gotteshaus steht hier auch: Die Inselkirche wurde im Jahr 1696 erbaut.

Wangerooge: Diese Insel ist selbst eine *Utwärtige*, weil sie gar nicht zu Ostfriesland gehört, sondern zu Oldenburg. Ostfriesisch war sie nie, dafür in wilder Folge mal russisch, mal holländisch, mal französisch, bis sie schließlich dem Großherzogtum Oldenburg zugeschlagen wurde.

Auf Wangerooge ist die Sandtrift gen Osten besonders gut dokumentiert: Um 1600 herum wurde an der Ostküste ein Turm erbaut, der sich Ende des 18. Jahrhunderts bereits in der Inselmitte befand. Vor dem Ersten Weltkrieg geriet er dann schon so weit westlich, dass er im Watt stand.

Die Landabbrüche im Westen sollen dazu geführt haben, dass statt Baltrum nun Wangerooge die kleinste der Ostfriesischen Inseln ist, denn Wangerooge soll mittlerweile auf etwa fünf Quadratkilometer geschrumpft sein. Wer auch immer diesen Titel »kleinste Insel« nun verdient hat: Wangerooge hat einen ganz anderen Superlativ zu bieten – die Insel gehört zu den besten Plätzen, um im Herbst den Vogelzug zu beobachten und die rastenden Watvögel.

Inseln in Zahlen

Insel	Einwohnerzahl	Fläche (in Hektar)
Baltrum (Landkreis Aurich)	502	650
Borkum (Landkreis Leer)	5487	3074
Juist (Landkreis Aurich)	1801	1643
Langeoog (Landkreis Wittmund)	1991	1967
Norderney (Landkreis Aurich)	5996	2629
Spiekeroog (Landkreis Wittmund)	788	1825
Wangerooge (Landkreis Friesland)	933	ca. 500–794

Vogelreich: die unbewohnten Inseln

Wer als Mensch hierherwill, muss gute Argumente haben. Zum Beispiel Seenot oder eine Ausnahmegenehmigung. Denn auf den fünf unbewohnten Ostfriesischen Inseln herrscht seit vielen Jahren ein Betretungsverbot. Dies wird nur bei besonderen Exkursionen außerhalb der Brutsaison gelockert. Die einsamen Inseln im Watt sind hauptsächlich Rückzugsorte für Vögel.

Memmert: Ganz unbehaust ist sie nicht, derzeit lebt dort der Vogelwart Enno Janßen, jedoch nur in den Sommermonaten. Aber im Vergleich zu den zigtausend Vögeln, die auf dem Eiland rasten und brüten, nimmt sich ein Mensch bescheiden aus. Rund 40 Vogelarten leben hier: Kormorane, Eiderenten, Löffler, Wasserrallen und viele andere mehr. Memmert liegt südlich vom Juister Westende und ist aus einer Sandbank entstanden. Was die Größe betrifft, gehen die Meinungen etwas auseinander: Etwa 150 Hektar umfasse das trockene Areal der Insel und damit das Brutgebiet der Vögel, so sagt es der frühere Inselvogt Reiner Schopf – abweichend von den 500 Hektar, die das Land Niedersachsen angibt. Schopf ist es auch, der die Zustände auf Memmert als wenig paradiesisch bezeichnet hat – für die Vögel, für die dieses Eiland eigentlich ja gedacht ist. Zum einen soll es laut Schopf weniger Brutfläche geben als offiziell behauptet. Zum anderen führten der Tourismus im Wattenmeer, die zahlreichen Störungen zu Wasser und zu Luft sowie die intensive Fischerei zu starker Beeinträchtigung der tierischen Insulaner. Schopf zog aus seiner 30-jährigen Tätigkeit als Vogelwart ein ernüchtertes Fazit: »Die Vogelinsel könnte eines der Regenerationsgebiete sein, in welchen die faszinierende Lebensvielfalt Raum und Zeit hat, sich zu entfalten. Heute kann sie mehr dem Anschauungsunterricht dienen, wie und warum Naturschutz scheitert.«

Kachelotplate: Sie ist das jüngste Mitglied der Ostfriesischen Inselfamilie, ein Neugeborenes sozusagen, das sich erst in den 1950er Jahren aus einer kleinen Sandbank entwickelt hat. Derzeit schwankt das Eiland zwischen seinem Status als (noch) Sandbank oder (schon) Insel. Ob sie weiter heranwachsen wird oder eines Tages doch wieder ins Wasser zurückmuss, werden die Sturmfluten der kommenden Jahre zeigen. Auch das neue Land ist ausschließlich den tierischen Bewohnern vorbehalten als »spezielles Robben- und Vogelschutzgebiet«.

Lütje Hörn: Wie eine Insel langsam verschwindet, sieht man an Lütje Hörn, einem winzigen Eiland südöstlich von Borkum. 2006 maß die Insel nur noch 6,5 Hektar – ein rundes Zehntel dessen, was Ende des 19. Jahrhunderts noch gemessen wurde. Sie verliert also stetig an Fläche. Und dadurch verlieren zahlreiche Vögel ihre angestammten Brutareale: Hatten 1994 noch 450 Vogelpaare auf Lütje Hörn gebrütet, waren es 2007 nur noch 200. Dabei konnte die Insel sogar den Kormoran zum Bleiben bewegen. Eigentlich ein Baumbrüter, hatte sich der schwarze Vogel hier tatsächlich niedergelassen und wurde zum Bodenbrüter – auf nicht viel mehr als bloßem Sand.

Ist eine künstliche Insel überhaupt eine?

Im Fall von **Minsener Oog** heißt es: ja und nein. Der Namensteil »oog« bedeutet Insel. Doch ohne menschliche Hilfe hätten sich die Sandbänke östlich von Wangerooge womöglich nur immer weiter in die

Fahrrinne nach Wilhelmshaven hineinverlagert und die Schiffstraße versanden lassen. Deshalb begann man 1906 mit dem Bau eines Buhnensystems, das den Sand fest- und die Fahrrinne freihielt. Mehr als zehn Millionen Kubikmeter Baggergut aus der Jade wurden auf die Insel geschaufelt, die offiziell als sogenanntes Strombauwerk gilt. Inzwischen ist Minsener Oog zu einer stattlichen Größe von derzeit etwa 370 Hektar herangewachsen und kann eine Dünenlandschaft von bis zu zwölf Metern Höhe vorweisen. Auch dieses Eiland stellt einen wichtigen Brutplatz für Vögel dar, vor allem für die Seeschwalben. Außerdem findet hier der stark gefährdete Seeregenpfeifer ein Refugium. Im Rahmen einer geführten Wattwanderung kann Minsener Oog jedoch eingeschränkt betreten werden.

Unbewohnte Utwärtige

Mellum läuft ein bisschen außer Konkurrenz, da sie nicht mehr zu Ostfriesland gehört. So hat es das Bundesamt für Naturschutz verfügt. Nun ist Mellum ein Teil der Watten des Weser-Ems-Dreiecks. Aber Wangerooge gehört ja auch nicht zu Ostfriesland und wird trotzdem zur Inselkette mitgezählt. Da ist es nur fair, wenn auch die Unbewohnten eine Utwärtige bei sich haben.

Mellum liegt ganz weit im Osten unterhalb von

Wangerooge in der Jade-Weser-Mündung. Sie hat sogar ein richtiges Entstehungsjahr, 1903, und einen Entdecker, den Rektor Heinrich Schütte aus der Wesermarsch. Der fand heraus, dass aus der Sandbank »ein grünes Eiland« im Entstehen begriffen war und machte sich auf den Weg. Mellum misst etwa 75 Hektar und ist vor allem ein Brutgebiet von Silber-, Herings-, Schwarzkopf- und Mantelmöwen. 2009 brach auf der Insel ein furchtbarer Brand aus. Bis heute weiß man nicht, wie das am helllichten Tag geschehen konnte. Rund 2000 Vögel starben, fast ein Zehntel des Grünlands verbrannte.

Es war einmal: die versunkenen Inseln

Die Sturmfluten des Mittelalters, unter ihnen die Große Manntränke von 1362, töteten nicht nur Abertausende Menschen und Tiere. Sie schlugen auch Inseln kurz und klein, darunter die Eilande Bant, Burchana und Buise vor der ostfriesischen Festlandsküste. Man weiß kaum etwas über die versunkenen Inseln, die Quellenlage ist dürftig und überdies widersprüchlich. Manche Historiker halten Bant und Burchana für ein und dieselbe Großinsel, da Bant bereits im Altertum besiedelt war und der römische Geschichtsschreiber Plinius eine derartige Insel erwähnte, die er jedoch Burcana nannte. Andere Quellen halten dagegen, Bant sei nichts als ein

Überbleibsel von Burchana und im Jahr 1780 endgültig in den Fluten untergegangen, während man auf Borkum annimmt, dass Burchana nur ein Wort für die eigene Insel sei.

Und was ist mit Buise? Dieses Eiland unbekannter Lage soll während der Großen Manntränke in zwei Teile gebrochen sein, worauf der östliche Teil zur heutigen Insel Norderney wurde.

Was sagt man dazu?

Insulaner sind ein Menschenschlag für sich, heißt es. Was macht sie so besonders? Fünf Fragen an Gerhard Waldherr, Berliner Journalist und Autor des Buches ›Inselstolz‹*

1. *Es heißt, zum Inseldasein muss man geboren sein. Worin unterscheiden sich Insulaner von Festlandbewohnern?*

Es ist zwar grandios, auf Meer und Horizont und in diesen unendlichen, hohen Himmel zu schauen, aber wer hält diese Ruhe, diese Weite, diese Leere wie etwa auf den Halligen schon immer aus? Man ist in den meisten Fällen weit weg von allem. Jede Besorgung, jeder Arzttermin, jeder Ausflug ist mit großem Aufwand verbunden. Gleichzeitig ist das soziale Leben, gerade auf den kleinen Inseln und Halligen, extrem schwierig. Jeder kennt jeden. Jeder weiß alles über jeden. Die Leute kommunizieren mit Chiffren, offen reden ist gefährlich. Weil am nächsten Tag alle wissen, was man gesagt hat. Viele Zugewanderte sind daran schon gescheitert.

2. *»Auf einer Insel kommt alles raus, was drinnen ist«, heißt es in Ihrem Buch ›Inselstolz‹. Dem eigenen Ich fehle dort der Notausgang. Haben Sie diese Erfahrung während Ihrer Recherchen auch gemacht?*

Ich erinnere mich an einen Spaziergang auf Hooge. Es war im Winter, früher Abend, stockfinster. Ich ging von der Hanswarft zu einem Bauern auf der Volkertswarft. Die Stille war so laut, dass man sie hören konnte. Das Licht des Pellwormer Leuchtturms strich immer wieder fahl über die schnurgerade Straße. Ich fühlte mich wie auf dem Mond. Während des Gehens gingen mir Dinge durch den Kopf, für die ich in Berlin nie Zeit habe: meine Eltern, was schiefgelaufen ist in meinem Leben, was ich noch vorhabe, und ich spürte eine immense Verbundenheit zu den Menschen, die mir wichtig sind.

3. *Welche Fehler sollte ein Insel-Urlauber keinesfalls machen, und welche werden ihm verziehen?*

Schwierige Frage. Man kann sich auf Sylt logischerweise anders bewegen und benehmen, als etwa auf

Baltrum, Neuwerk oder einer Hallig wie Gröde, wo nur eine Handvoll Menschen leben. Aber generell schätzen Insulaner es, wenn man nicht durch ihre Vorgärten trampelt und sie nicht behandelt, als gehörten sie zum Inventar eines Freilichtmuseums. Respekt, Höflichkeit, Zurückhaltung hilft überall, aber hier passt es zur Mentalität der Menschen. Es ist nicht so, dass sie einem nicht verzeihen, wenn man den Unterschied zwischen Insel und Hallig nicht erklären kann oder nicht weiß, was Queller ist, oder eine Ringelgans nicht erkennt. Dafür sind Insulaner ohnehin viel zu gelassen. Anders könnten sie im Sommer auch nicht die Touristeninvasion aushalten.

4. *Haben Sie einen Unterschied feststellen können zwischen den Ostfriesischen und den Nordfriesischen Inseln – und den Menschen darauf?*

Nein, das könnte ich so nicht sagen. Was mir aufgefallen ist, waren eher die Gemeinsamkeiten. Für alle Menschen, die ich getroffen habe, spielte das Meer, die Natur eine zentrale Rolle. Schwer zu erklären, aber da war so eine Ausgeglichenheit, Souveränität, als ob alle mit ihrem Schicksal im Reinen wären. Vielleicht muss man nur eine Sturmflut erlebt haben, um zu begreifen, dass es eine höhere Macht gibt als den eigenen Willen.

5. *Was treibt die Bewohner der Ostfriesischen Inseln im Moment am meisten um? Ist es der Klimawandel, der Küstenschutz? Oder der Immobilienmarkt?*

Klar, über all das wird geredet. Der Ausverkauf ist ein großes Thema. Auf Sylt oder Amrum können sich die Einheimischen inzwischen ihre eigene Insel nicht mehr leisten. Selbst auf einer Insel wie Wangerooge gehst du im Winter abends durch Straßen, wo nur in jedem fünften, sechsten Haus ein Licht brennt. Mehr beschäftigt die Menschen aber die unzureichende Infrastruktur auf den Inseln. Es fehlt an medizinischer Versorgung, nicht nur, weil es kaum noch Geburtsstationen gibt. Kindergärten, Schulen, Fährverbindungen, überall Defizite. Die Kommunen sind finanziell zu schwach, um sie zu beheben. Und die große Politik lässt sie hängen. Und dann ist da noch der Tourismus, der alle beschäftigt. Vom Tourismus leben die meisten, dafür arbeiten sie im Sommer bis zur Erschöpfung. Es ist aber auch der Tourismus, der die traditionellen Strukturen so verändert hat, dass die Alten ihre Inseln nicht mehr erkennen.

* *25 Erzählungen über die Bewohner der Nordseeinseln,*
Ankerherz Verlag, Hamburg 2013

Strandfunde: Was man mitnehmen darf

Zugegeben: Die normalen Nordseemuscheln können es mit den hübschen Formen ihrer Verwandten aus der Karibik nicht aufnehmen. Nichtsdestotrotz kann man an ostfriesischen Stränden das eine oder andere nette Mitbringsel finden.

Amerikanische Scheidenmuschel (auch Schwertmuschel): braun mit perlmuttfarbenem Schimmer, lang und schmal, leicht gebogen. Die Scheidenmuscheln reisten um 1950 aus den USA im Ballastwasser von Schiffen ein und fühlten sich in Nord- und Ostsee sehr wohl. Leider hat sie die einheimische Schwertmuschel verdrängt.

Miesmuschel: außen blauschwarz, innen perlmutt. Leere Muscheln gibt es zuhauf am Strand. Sie wachsen an Steinen und Holzpfählen, wo sie mit Tausenden Artgenossen Muschelbänke und damit die Leibspeise von Eiderenten bilden.

Auster: dicke, fast runde Schalen in Blaugrau. In der Nordsee findet man sie an Steinen von Hafeneinfahrten, Steinen oder Buhnen. Sie abzupflücken ist im Nationalpark Wattenmeer streng verboten. Perlen sucht man auch vergebens: Die gemeinen Arten in der Nordsee produzieren sie nicht.

Herzmuschel: herzförmig, gerippt in pastelligem Rot, Gelb, Braun, Grau oder schlichtem Weiß. Sie findet man überall, da sie sich nur etwa einen Zentimeter unter der Oberfläche aufhält. Sie ist wichtiges Futter für die Watvögel.

Sandklaffmuschel: länglich rund, in pastelligem Braun, Gelb oder Weiß. Diese Muscheln kann man mitnehmen, wenn sie ein Loch enthalten. Dann nämlich ist ihr Fleisch bereits von Schnecken gefressen worden.

Donnerkeil: runde Steinstäbe oder Bruchstücke davon. Steine sind es nicht wirklich, sondern versteinerte Überreste von Belemniten, Tintenfischen, die vor 300 Millionen Jahren lebten. Die gibt es übrigens nicht nur an der Küste – schließlich verliefen die Küsten der Weltmeere damals anders.

Hühnergott: Feuerstein mit Loch. Die romantische Idee: Der Stein mit Loch ist ein göttliches Amulett, das zu Zeiten der Wikinger die Hühner vor dem Fuchs schützte. Die profane Realität: Das Salzwasser hat Kalk, Kreide oder Sonstiges aus dem Stein gespült.

Treibholz: totes, verblichenes Holz. Einige Treibhölzer sind so schön geformt, dass sie schon fast als Kunst durchgehen. Tatsächlich nutzen auch immer mehr Möbeltischler und Künstler das wettergegerbte Holz für schöne Dinge.

Treibglas: bunte Glasstücke mit rund geschliffenen Ecken. Steter Tropfen höhlt den Stein – und das Glas. So werden aus schnöden Flaschenscherben schöne Deko-Stücke.

Seeball: filzige Kugeln aus Seegras. Die raue See reißt die Wurzeln von Seegras heraus, die Strömung wiegt sie hin und her und rollt sie zu kleinen Kugeln zusammen.

1617

- Jahr, in dem der ostfriesische Astronom David Fabricius ermordet wurde; der Sterngucker, der auch Sterndeuter war, soll in einem selbsterstellten Horoskop seinen Todestag vorausberechnet haben. Just diesen Tag, den 7. Mai 1617, verbrachte er deshalb zu Hause. Am Abend wähnte er sich dann in Sicherheit und begab sich auf einen Spaziergang. Von dort kehrte er nicht mehr zurück: Ein Handwerker erschlug ihn unterwegs.

- Strecke des längsten Laufs, der je in Ostfriesland gestartet wurde: 161,7 Kilometer betrug die Distanz, die Anfang Oktober 2014 beim »Fehnheldenlauf« in Idafehn von zwölf Einzelsportlern und zwei Staffeln in Angriff genommen wurde. Erste im Ziel war Anja Tegatz aus Duisburg mit einer Zeit von 24 Stunden und 35 Minuten.

- Zahl der Bürger im Landkreis Aurich, die zu viel gezählt wurden: Statt 188 330 Einwohnern leben im Landkreis nur 186 713. Das brachte der Zensus im Jahr 2011 ans Licht.

Trau kien Oss van vorn, kien Peerd van achtern un kien Minsh üm di to.

(Trau keinem Ochsen von vorn, keinem Pferd von hinten und keinem Menschen in deiner Nähe.)

Sport

Hauptsache, unter freiem Himmel: Friesensport

Wer »Friesensport« hört, denkt sofort ans Boßeln, die ostfriesische Leibesertüchtigung Nummer eins. Es gibt wohl kaum einen Urlauber, der nicht schon mal eine Boßelgruppe gesehen hat: Menschentrauben, die die Straßen entlangziehen, mit Stangen in den Händen, um nach verloren gegangenen Kugeln in den Straßengräben zu stochern, oder die den Autofahrern ihre Schilder vor die Nase halten: »Achtung! Boßeln«. Boßeln ist öffentlich, es spielt sich auf den Landstraßen ab, und es sieht ziemlich einfach aus, man könnte eigentlich gleich mitmachen.

In der Tat: Es gibt Boßeln für Touristen, da für das Straßenspiel eine relativ einfache Technik ausreicht. Die Gemeinde Ihlow beispielsweise bietet Gruppenboßeln für Utwärtige an, das von einem erfahrenen Spieler geleitet wird. In der einfachsten Variante wetteifern zwei Gruppen gegeneinander, werfen eine Boßelkugel über eine bestimmte Streckenlänge, und die Gruppe, die dafür am wenigsten Würfe benötigt, hat gewonnen.

Boßeln für Kenner

Allerdings: Boßeln ist und bleibt in erster Linie eine ostfriesische Angelegenheit. Neben dem Jedermann-Boßeln gibt es auch den Leistungssport mit einer Ligastruktur, Meisterschaften und einem festen Platz in den regionalen Tageszeitungen. Zwei Landesverbände (Ostfriesland und Oldenburg) und einige Kreisverbände sind im Friesischen Klootschießerverband organisiert, der insgesamt um die 40 000 Mitglieder zählt (die ostfriesischen Fußballvereine kommen zusammen auf knapp 47 000 Mitglieder in 1007 Mannschaften). Der Leistungssport Boßeln wird genauso auf der Straße gespielt, entweder als Standkampf, bei dem man immer von derselben Stelle abwirft, oder als Wettkampf auf der Strecke (die ist beim Vereinsboßeln etwa sieben Kilometer lang).

Wenn man den Profis zuschaut, wird das vermeintlich so einfache Spiel plötzlich tricky: So ist die Beschaffenheit der Bahn ein entscheidender Faktor. Könner der Sportart »lesen« die Straße, spielen mit deren Neigung (die meisten Landstraßen fallen zur Kante hin ab) oder kommen mit einem Wurf gleich durch zwei Kurven. Man wirft »über den Daumen« oder »über den Finger«, um der Kugel den richtigen Dreh zu verpassen. Oder man gibt ihr einen kräftigen Drall durch das sogenannte Kurbeln – dabei wird im Moment des Abwurfs die Hand rasch gekippt. Wer das am besten kann, wird Boßler oder Boßlerin des Jahres (2014 waren das Stefan Ruge aus Kreuzmoor und Anke Köppel aus Upgant-Schott).

Alle vier Jahre gibt es sogar eine Boßel-Europameisterschaft. Dafür sorgt die International Bowlplaying Association (IBA), ein Zusammenschluss der Landesverbände Irland, Italien, Niederlande und den beiden Verbänden aus Deutschland (Friesland und Schleswig-Holstein). Zuletzt fand die Boßel-EM 2012 in Italien statt und wurde vom Friesischen Klootschießerverband gewonnen. Vielleicht liegt der Vorsprung an der Früherziehung: Seit 1998 ist Boßeln auch Schulsport und wird in Hallen gespielt.

Was gut ist, hat man nicht lange für sich allein. Inzwischen existiert in Tirol und in Bayern eine Variante des Boßelns, die sich »Extrem-Boßeln« nennt: Dabei wird in der heimischen Bergwelt gespielt statt auf ebener Straße, das heißt, es geht mit der Kugel bergauf und bergab über unbefestigte Wege. Eben »extrem«.

Sogar auf die richtige Schreibweise muss man achtgeben. Denn Bosseln mit »ss« statt einem »ß« gibt es auch. Das hat nichts mit Busseln zu tun, sondern ist eine Sportart, die dem Eisstockschießen ähnelt, aber in Hallen statt auf Eisbahnen gespielt wird. Als Spielgerät dient die sogenannte Bossel: ein hölzernes Ding mit einem Bürstenbesatz auf der Unterseite. Auch diesen Sport kann man in Ostfriesland betreiben, der Turnverein Leer von 1860 e. V. hat ihn im Programm. Vom Boßel- zum Bosselkönig, das geht nur hier.

Klootschießen

Die Mutter aller Friesensportarten ist jedoch das Klootschießen. Aus ihr ist das Boßeln einst hervorgegangen. Klootschießen wird niemals ein Exportschlager werden, dazu ist sein Bewegungsablauf einfach zu kompliziert. Während man beim Boßeln Taktik und Fingerspitzengefühl braucht, muss man beim Klootschießen enorm wendig und kräftig sein. Nicht von ungefähr trugen legendäre Werfer Beinamen wie »der Bär von Ellens«. So nannte man den Ausnahme-Klootschießer Hans-Georg Bolken, der im Jahr 1985 mit 105,20 Metern Wurfweite einen neuen Weltrekord begründete.

Klootschießen geht ungefähr so: Man nimmt einen sehr langen Anlauf wie beim Hochsprung, hält dabei die Wurfkugel zwischen Zeigefinger, Mittelfinger und Daumen, setzt dann mit Macht auf einem Sprungbrett auf, schraubt sich in die Höhe und dreht sich seitlich in eine Grätschstellung. Eine schnelle Kreisbewegung des Arms schleudert dabei die Kugel so weit, wie es nur geht.

Heutiger Weltrekordinhaber ist Stefan Albarus aus Norden, der im Jahr 2000 auch Europameister im Klootschießen wurde. Seine Bestmarke hat seit 1996 Bestand und liegt bei 106,20 Metern.

Steht das nicht im Widerspruch zu den Weiten von 144 oder gar 156 Metern, wie sie etwa beim »Krimi von Utgast« im Jahr 2012 zustande kamen? Nein. Denn Klootschießen unterscheidet sich in Feldkampf und Standkampf. Beim Feldkampf braucht man einen gefrorenen Boden, weil dabei der sogenannte *Trüll* mitgezählt wird, das Weiterrollen der Kugel nach dem Aufprall. Beim Standkampf zählt nur die echte Wurfweite, und da ist Albarus bis heute ungeschlagen.

Der Krimi von Utgast war im Übrigen ein äußerst erbittert geführter Feldkampf Oldenburg gegen Ostfriesland, den rund 2000 Zuschauer mitverfolgten – die man hier »Käkler« und »Mäkler« nennt. Oldenburg gewann das Prestigeduell mit einem hauchdünnen Vorsprung von 1,20 Metern. »Praktisch unentschieden« aus ostfriesischer Sicht.

Der heimliche Nationalsport: Schöfeln

Ostfriesland ist ein Wintersportparadies. Davon liest man nirgends, deshalb reist auch im Winter kaum jemand hierher. Aber es ist wahr, und wenn man sich mal die Landschaft vor Augen führt, kommt man auch von selber drauf, warum. Ostfriesland ist ein von Flüssen, Wieken, Schlooten, Schooten und Tiefs durchzogener Landstrich. Und in guten Wintern sind die alle zugefroren. Was macht der Ostfriese, sobald das Eis trägt? Er schöfelt.

Das heißt, er läuft in jeder freien Minute auf Kufen übers Eis, so weit es nur geht. Allein oder in Gruppen, die richtig Fahrt aufnehmen können, wenn sich ihre Läufer wie Kettenglieder hintereinanderhängen.

Schöfeln is dat Moiste, wat et gift up de wereld*

Ganze Schöfeltörns werden dabei abgefahren, etwa vom Großen Meer über Wirdum nach Greetsiel. Diese Tour ist wunderschön, verlangt aber eine gute Kondition. Für Gäste und Anfänger ist das Große Meer ein ideales Schöfelrevier. Da zieht man mittig auf dem Eis seine Bahnen oder ist in langen Touren auf den Seitenkanälen unterwegs.

Natürlich kann man mit ganz normalen Schlittschuhen aufs Eis gehen. Richtig ostfriesisch wird es aber erst mit den »Holländern«. Das sind flache hölzerne Schlittschuhe mit Eisenkufen, die mit Lederriemen am Alltagsschuh festgebunden werden. Das ist überaus praktisch, denn nach einer Schöfeltour muss man sich dringend in umliegenden Gasthöfen beim Grog aufwärmen. Hat man Holländer an den Füßen, braucht man keine Extraschuhe mit sich herumtragen, sondern schnallt am Rand des Eises einfach die Kufen ab und flüchtet sich ins Warme.

Sollte ein Winter mal etwas schwach auf der Brust sein, wird in Ostfriesland nachgeholfen. Seit 1970 flutet der Eissportverein Concordia Neermoor einfach eine Wiese. Derart flaches Wasser gefriert schnell, und schon hat man eine große Fläche fürs Schöfeln produziert. Auch in Bagband und in Wiesmoor hilft man auf diese Art dem Winter auf die Sprünge. Im Grunde geht es dabei zu wie in den Wintersportorten der Berge, nur dass man hierzulande statt Schneekanonen den Wasserschlauch einsetzt. Sagten wir es nicht? Ostfriesland ist ein Wintersportparadies, und kaum einer weiß es.

Schöfeln ist das Schönste, was es gibt auf der Welt.

Pultstockspringen

Mancher Purist findet zwar, dass lokale Gepflogenheiten nicht zu Spaßveranstaltungen degradiert werden sollten, aber diese Ansicht ist in Ostfriesland nicht mehrheitsfähig. Auch war das Pultstockspringen früher mehr bittere Notwendigkeit als liebevoll gepflegtes Brauchtum. Wo es keine Brücken gab, ließen sich die breiten Gräben im Hammrich anders nicht überwinden. Daher griff sich der ostfriesische Bauer einen meterlangen Stab, befestigte eine Scheibe am einen Ende, um Halt im morastigen Grund zu finden, stieß die Stange in den Wasserlauf und setzte wie ein Stabhochspringer beherzt über. Genau das kann man heute wieder im Land sehen, eben bei Spaßwettkämpfen oder als Touristenattraktion. Es geht dabei ungemein fröhlich zu, zahlreiche Zuschauer säumen die Ufer und feuern die Springer an, die schon vorsorglich nur mit Badehose versehen ihr Glück versuchen.

Kreierrennen

Doch was auch immer geschieht, ein Pultstockspringer wird niemals so aussehen wie der Teilnehmer eines Kreierrennens.

Ein »schmutziges Duell« nennt es die »Ostfriesen-Zeitung«. Und das ist noch geschönt. Früher war der Kreier ein hölzernes Gefährt, das die Fischer im Watt zu ihren Reusen brachte. Man kniete mit einem Bein auf dem Schlitten und stieß sich mit dem anderen im Schlick ab. Das kostete anfangs viel Kraft, aber wenn der Kreier dann mal flutschte, ging es zügig zur Sache. So konnte der Fischer seinen Fang einsammeln, war aber im Anschluss nicht mehr präsentabel.

»Karneval im Watt« nennt sich das Pilsumer Kreierrennen, bei dem die Teilnehmer sich erst in bunte Kostümierungen werfen und dann mit voller Energie in den Schlick. Auch in Dyksterhusen am Dollart wird alljährlich die schlammige Tradition zelebriert, mit dem Schlitten geht es von der Bohrinsel los.

Grober Unfug? »Ostfriesische« Olympiade

Die sogenannte Ostfriesen-Olympiade ist keine landestypische Angelegenheit, sondern im Grunde das Etikett der Utwärtigen für alles, was irgendwie sinnfrei und abwitzig ist. Bezeichnenderweise wird die Ostfriesische Olympiade überall ausgetragen, nur nicht in Ostfriesland.

Disziplinen

Teebeutelweitwurf: Ein Teebeutel wird mit den Zähnen festgehalten und dann mit Schwung über den Rücken geschleudert.

Gummistiefelweitwurf: Wettkampfteil der »ersten Ostfriesischen Olympiade« in Hamburg (!) 2013, ausgerichtet vom dortigen Seemannsheim

Hufeisenwerfen: ebenfalls ein Wettkampfteil besagter »Ostfriesen«-Olympiade

Ostfriesengolf: Der Golfschläger besteht aus einem Stock, an dem ein Gummistiefel befestigt ist. Kindskopfgroße Bälle werden damit über eine Wiese getrieben.

Echte Meister

Murmeln: Sie heißen passend zu ihrer Sportart »Murmeltiere«. Sie kommen aus Hinte in Ostfriesland, tragen als

Vereinsfarbe tiefgelbe T-Shirts, trainieren im Hinterhof einer Autowerkstatt und haben schon dreimal die ostfriesische Meisterschaft gewonnen – im Murmelspiel. Und jetzt sind die Murmeltiere mit ihren Glaskugeln sogar Deutscher Meister geworden. 2014 schlug das Team aus Ostfriesland ausgerechnet den Finalgegner Sandhatten aus dem Landkreis Oldenburg.

Triathlon: Eine härtere Gangart wählte Achim Groenhagen aus Emden. Der Triathlet fuhr 2014 zum Triathlon in Hawaii, dem legendären Ironman, der als schwerster Triathlon der Welt gilt. Einfach nur das Ziel erreichen, das war die Aufgabe, die Groenhagen sich stellte. Beendet hat er sie als bester Deutscher seiner Altersklasse (Platz sechs bei den Männern im Alter von 45 bis 49 Jahren).

Rudermeister: Sie nennen sich Argonauten, nach dem Vereinsnamen ihres Ruderclubs Argo Aurich. Und wie in der griechischen Sage haben die beiden Ruderer Maiko-Benedikt Remmers und Immo Ihnen ein sagenhaft schnelles Boot im Wasser liegen. Mit ihrem Doppelzweier gelang dem Team 2014 die Verteidigung des Titels bei den 18. Deutschen Sprintmeisterschaften. Die Argonauten sind also zum zweiten Mal hintereinander Deutscher Meister in der Sprintdisziplin geworden – 2014 sogar mit einer Bootslänge Vorsprung.

Rettungsschwimmen: Wenn sie in der Nähe ist, kann man in der Nordsee beruhigt baden gehen: Annegret Peters aus Weener hat 2014 die Deutsche Seniorenmeisterschaft im Rettungsschwimmen gewonnen, in der Altersklasse 50. Wie die Argonauten zum zweiten Mal in Folge. Doch mit der Deutschen Meisterschaft im April hat sie sich offenbar nur warmgeschwommen. Im August holte Peters in Frankreich auch noch den Weltmeistertitel. In der Disziplin 100 Meter Retten mit Flossen ließ sie sich von niemandem schlagen. War es das? Aber nein. Den Wettkampf im 50 Meter Retten beendete sie als neue Vizeweltmeisterin, und eine Bronzemedaille gab es im 100-Meter-Kampf mit Gurtretter noch obendrauf.

Hochspringen: Die 15-jährige Hochspringerin Mareike Blum hat sich 2014 zum ersten Mal auf einer Deutschen Meisterschaft blicken lassen und dabei gleich den Titel gewonnen: Sie wurde Siegerin in der B-Jugend und stellte überdies mit 1,77 Metern einen Ostfriesland-Rekord auf. Trotz einer Muskelverhärtung, mit der sie an den Start gegangen war.

Springreiten: Auch Charlotte Sophie Hachmeister springt, aber sie tut es von einem Pferderücken aus. Und zwar so gut, dass sie mit ihrem Trakehner Kassio die Europameisterschaft 2014 in Portugal gewann. In der Disziplin Junge Reiter in der Vielseitigkeit hatte sie sich kaum Chancen ausgerechnet. Doch ostfriesische Coolness, gepaart mit ebensolcher Wetterfestigkeit verhalf dem Paar zum Erfolg. Während ihres Geländerittes blitzte, donnerte und stürmte es so sehr, dass die Auricherin kaum noch den Parcours sehen konnte. Hachmeister musste sich auf ihr Pferd verlassen, das mit eisernen Nerven die Hindernisse passierte. Jetzt darf Kassio auf einer Weide eine Pause einlegen; für seine Leistung wurde der zehnjährige Wallach zum »Trakehner des Jahres 2014« gekürt.

Auf heißen Socken durch Ostfriesland: der legendäre Ossiloop

Der Vater des Ostfriesenlaufs ist tot, aber sein Vermächtnis, der Ossiloop, lebt. Und wie! Klaus Beyer, der 2012 verstorbene Leichtathletiktrainer aus Hesel, hatte 1982 die Idee zu einem Etappenlauf von Leer bis ans Meer. Was als kleine Veranstaltung begann (zu Beginn waren gerade mal 24 Läufer am Start), hat sich zu einem heißgeliebten Lauffest ausgewachsen. Der Ossiloop ist Kult.

Nun tummeln sich jährlich rund 2000 Hobbyläufer, Bewegungsenthusiasten, Freizeit- und Spitzensportler auf sechs Etappen quer durch Ostfriesland. Drei Wochen lang im Mai, immer dienstags und freitags, fällt für einen der Streckenabschnitte der Startschuss. Jeder ist zwischen 8,6 und 14,4 Kilometer lang, der gesamte Lauf geht über 69,4 Kilometer. Ein Großteil der Strecke ist mit dem Ostfriesland-Wanderweg identisch und führt damit höchst malerisch durch die unterschiedlichen Landschaften der Region.

Yes, we can: Trendsport in Ostfriesland

Als trendy ist Ostfriesland bislang nicht wirklich aufgefallen. Hipster und ihre Freunde zieht es kaum hierher, es sei denn, sie brauchen heimlich mal eine Pause von der urbanen Szene. Oder: Pfingsten naht. Dann strömen sie plötzlich alle nordwärts, zum White Sands Festival nach Norderney. Windsurf- und Beachvolleyball-Wettkämpfe der Spitzenklasse anschauen und anschließend Party machen, das lassen sich Zigtausende jährlich nicht entgehen. Mehr als 40 000 sollen es 2014 gewesen sein.

Und was ist mit dem Spitzensport?

Der hat es, abgesehen von Einzelleistungen (siehe oben) in Ostfriesland echt schwer. Die Kickers Emden sind ein Paradebeispiel dafür. Im Jahr 1994 schnupperte man beinahe schon die Luft der Zweiten Bundesliga, im Jahr 2012 folgte das Insolvenzverfahren. Warum kann der Spitzensport in Ostfriesland nicht Fuß fassen? Darauf antwortet der frühere Sportjournalist und heutige Krimiautor Peter Gerdes aus Leer.

Was sagt man dazu?

Ist Ostfriesland eine Wüste des Profisports? Fünf Fragen an Peter Gerdes, ehemaliger Sportjournalist und jetzt Krimiautor

1. *In Ostfriesland gibt es keinen Spitzensport. Warum?*

Leistungssport muss man sich leisten können – Sponsorengeld schießt nun einmal Tore und öffnet Apotheken. Davon gibt es hier nicht sonderlich viel (Sponsorengeld, nicht Apotheken!). Und wo man es trotzdem versucht hat wie seinerzeit Fußball-Drittligist Kickers Emden am Tropf der Firma Score, da endete es in einer Katastrophe. »Echte« Spitzensportler aber gab und gibt es hier durchaus, zum Beispiel das Hürden-Ass Silvia Rieger oder der Zehnkämpfer Frank Müller, die bei Olympia starteten und bei Europameisterschaften Medaillen holten. Aber die wachsen hier eben nicht geldgedüngt, sondern quasi natürlich. Und das kann manchmal dauern.

2. *Die wenigen Spitzensportler, die es hier gibt, sind in Nischen unterwegs. Hat der Ostfriese einen Hang zur Exotik?*

Exotik ist eine Frage des Standpunkts. Und die Suche nach Nischen ist ein gesundes Geschäftsprinzip. Wer als Volleyballer in der Landesliga hängen bleibt, kann als Faustballer vielleicht Deutscher Meister werden. Also warum nicht?

3. *Auch gibt es hier viele regionale Eigenheiten, etwa das Boßeln und Klootschießen – ist das Sport oder Brauchtum?*

Beides. Die echten Könner sehen es zu Recht als Sport, alle Gelegenheits-Boßler (wie ich) als schönen Brauch.

4. *Eine weitere Besonderheit ist der Ossiloop, den Sie in einem Ihrer Krimis zum Schauplatz eines Verbrechens gemacht haben. Was macht diesen Volkslauf so besonders?*

Hier treffen Leute verschiedenster Schichten und Altersgruppen aufeinander, die sonst wohl kaum Kontakt zueinander pflegen würden – weil sie der Langlauf, Ostfriesland und dieses einmalige Event verbinden. Daher habe ich den Ossiloop für ›Der Tod läuft mit‹ ausgewählt. Hier lassen sich Mordmotive wunderbar vertuschen!

5. *Was würden Sie sich für den ostfriesischen Sport wünschen?*

Mehr Nachwuchs, klar, wie überall. Und viel Geduld. Wenn Geld da ist, dann gebt es lieber für gute Trainer und Betreuer aus als für windige Legionäre. Nachhaltigkeit mag ein Modewort sein, aber ohne nachhaltiges Arbeiten können schönste Nebensachen auch mal ein Ende haben.

Watt de Buur nich kennt, dat mach he nich.

(Was der Bauer nicht kennt, das mag er nicht.)

Kulinarisches

Zu Tisch! Wie Ostfriesland tafelt

Essen in Ostfriesland ist deftig, kräftig und gehaltvoll – nicht unüblich in einer Gegend, in der das Klima rau ist und die Bevölkerung körperlich hart arbeitete und es zum Teil immer noch tut. Auch die Pflanzenwelt ist wenig lieblich, sondern wetterunempfindlich und robust: Grünkohl, Kartoffeln, Rüben, Bohnen und Zwiebeln, all das ist vom ostfriesischen Teller nicht wegzudenken. Bei den Bauern haben Buttermilchsuppen und Mehlspeisen wie Speckendicken und Mehlpütt eine lange Tradition. Doch der zentrale Bestandteil der Landesküche ist Fleisch: Speck vom Schwein, Braten vom Rind und Seefisch. Ohne das geht fast nichts. Und wenn ein Gericht dann doch mal »nur« aus Kartoffeln und Gemüse besteht, schmuggeln sich unter Garantie noch ein paar Speckwürfel in die Pfanne.

Aus all dem etwas Schmackhaftes zu zaubern – das ist die Kunst der ostfriesischen Küche. Bevor der Utwärtige zurückschreckt, weil ihm das alles eher kräftig als delikat vorkommt: Keine Sorge, aufs Kochen versteht sich das Küstenvolk.

So manches Rezept hat übrigens seinen Ursprung in der Lust des Ostfriesen am Gärtnern. Selbst vermeintliches Unkraut wie Brennnessel, Sauerampfer oder Giersch hat seinen Platz auf dem ostfriesischen Speisezettel – und das ist ja derzeit wieder mächtig im Kommen.

Was ist ein typisch ostfriesisches Gericht?

Snirtjebraa: Schweinebraten von Nacken und Schulter

Grünkohl mit Pinkel: ganze Vereine ziehen im Winter zum Grünkohlessen; Pinkel ist eine Kochwurst aus Schweinefleisch mit Hafergrütze.

Speckendicken: Silvesteressen; dicke Waffeln bzw. Eierkuchen aus Weizen- und Roggenmehl, mit Mettwurst, Schmalz, Anis, Eiern und Sirup

Mehlpütt: Ostfriesland ist Mehlspeisenland; der Mehlpütt ist ein großer Hefekloß, in einem Tuch über Wasserdampf gegart; kann süß oder herzhaft sein.

Updrögt Bohnen: reife grüne Bohnen, die zum Trocknen aufgefädelt wurden; mit Kartoffeln gestampft entsteht daraus ein herzhaftes, wohlschmeckendes Gericht.

Labskaus: Seemannsgericht aus Pökelfleisch und Kartoffeln; dazu gibt es Salzheringe, Spiegelei und Rote Bete.

Karmelkbree: Buttermilchbrei; taugt auch zum Hauptgericht mit einer Scheibe Schwarzbrot.

Tatort Teestube?

Wo die Figuren des Krimiautors Klaus-Peter Wolf kulinarische Spuren hinterlassen haben – oder er selbst:

Tatort/Adresse	Verwertbarer Hinweis
Café Teetied, Süderloog 1, 26474 Spiekeroog	Wolfs Kommissarin Ann Kathrin Klaasen trifft hier eine wichtige Tippgeberin (»Ostfriesensünde«).
Restaurant Schnigge, Obere Strandpromenade 29, Wangerooge	Hier isst Wolf mit seiner Frau. Danach lesen beide oder schauen den Schiffen zu, die in die Deutsche Bucht einbiegen.
Café Marienhöhe, Damenpfad 42, 26548 Norderney	Auf der Marienhöhe sitzt Wolf mit Panoramablick auf Juist und denkt sich Geschichten aus. Die plüschige Atmosphäre versetzt ihn in die Zeit der 1960er Jahre.
Weisse Düne, Weisse Düne 1, 26548 Norderney	Am schönsten Strand von Norderney lässt Wolf besonders gern morden (»Ostfriesengrab«).
Der Grillfriese, Auricher Straße 1, 26624 Georgsheil	Hier isst Rupert, eine seiner Hauptfiguren, seine Currywurst. Er glaubt, sie sei potenzfördernd (»Ostfriesenmoor«).
Aggi Huus, Neßmersiel, Dorfstraße 49, 26553 Dornum	Eine gemütliche, urige Wohnstube, in der es gefüllte Windbeutel und Eierlikör gibt.

Tatort/Adresse	Verwertbarer Hinweis
Meerblick, Tunnelstraße 21, 26506 Norden Norddeich	Mit Rundum-Panoramablick in der Nähe des Yachthafens lässt es sich wunderbar essen.
Utkiek, Badestraße 1, 26506 Norden Norddeich	Gebaut auf dem Deich, kann man hier endlos aufs Wattenmeer hinausblicken.
Diekster Köken, Deichstraße 6, 26506 Norden Norddeich	Gefährliche Ecke, in der Nähe wurde in »Ostfriesenkiller« Kai Uphoff erschlagen.
Gittis Grill, Norddeicher Straße 149, 26506 Norden	Bei Gittis Grill versorgen sich nicht nur Wolfs Figuren gern mit etwas Essbarem. Beliebter Imbiss in Norden
Café ten Cate, Osterstraße 153, 26506 Norden	Lieblingscafé der Kommissarin Ann Kathrin Klaasen und auch des Autors

Was sagt man dazu?

Die ostfriesische Küche hat für Feinschmecker nichts anzubieten, heißt es. Stimmt das? Fünf Fragen an Matthias Möckel, Chef des Strandrestaurants Weisse Düne Norderney und Herausgeber des Kochbuchs ›Küstenküche Weisse Düne Norderney‹*

1. *Herr Möckel, in Ihrem Norderneyer Restaurant Weisse Düne und in Ihrem Kochbuch ›Küstenküche‹ vereinen Sie* *ostfriesische Zutaten mit moderner Küche. Welches ist Ihr ostfriesisches Lieblingsrezept?*

Mein Lieblingsrezept ist die Friesentorte. Für Nichtfriesen schnell erklärt: eine Kalorienorgie aus Biskuit, Sahne und Rumrosinen. Kein Gericht, aber eine Leckerei: Austern von der Nordsee.

2. *Gibt es eine Zutat, die typisch ostfriesisch ist?*

Bier aus dem friesischen Brauhaus zu Jever. Ein Braten, kurz übergossen mit dem herben Bier, bekommt eine herb-malzige Note. Safranrisotto ganz zum Schluss mit etwas Jever-Bierschaum verfeinert – saulecker.

3. *Was würden Sie nie anrühren?*

Darf man das sagen? Obwohl ich sehr gerne Fisch esse – ich kann keinen Matjes sehen.

4. *Den Ostfriesen wird ja immer nachgesagt, Bisamratten zu essen. Schon mal »Wasserkaninchen« angeboten bekommen?*

So viel zur Ehrenrettung der Ostfriesen – ich habe noch keinen Friesen eine Bisamratte zubereiten oder essen sehen. Aber als Pflanzenfresser kann eine Bisamratte durchaus schmecken, ist auch eher ein Hamster als eine Ratte. Hamster wiederum soll wie Hühnchen schmecken. Ist so ein Gerücht aus dem Fernen Osten …

5. *Sie sind in Schwaben aufgewachsen. Welche Gemeinsamkeiten haben die ostfriesische und die schwäbische Küche, und was aus Ihrer Heimat vermissen Sie?*

Gemeinsamkeiten gibt es leider nur wenige, aber in beiden Gegenden bemerke ich eine Hinwendung zu Produkten aus der Region. Die Schwaben entdecken die Hagebutte, die Friesen den Queller (eine Salzwasserpflanze, die im Watt gedeiht). Aus Schwaben vermisse ich Krautbuabaspitzle. Eine Art angebratene schwäbische Gnocchis – der Name Buabaspitzle kommt von der Form, die wohl entfernt an die Geschlechtsteile junger Knaben erinnert – vermischt mit einem specklastigen Sauerkraut. Dazu einen Schoppen Weißwein – das ist einfach unschlagbar!

* Matthias Möckel (u. a.): Küstenküche
Weisse Düne Norderney, Küstenverlag 2009

Nordsee, delikat

Blanker Hans, Mordsee, Manntränke – bei allen Schrecken, die von der See ausgehen, könnte man glatt vergessen, welche Köstlichkeiten sie für den Menschen bereithält.

Austern: Entlang der ostfriesischen Küste gibt es – anders als auf Sylt – keine Austernzucht. Und natürlich ist es verboten, im Nationalpark wilde Austern zu pflücken. Dennoch halten sich nicht alle Einheimischen daran. Denn gegen frisch gepflückte Austern kann jede Sylter Royal einpacken.

Kaisergranat: Die Nordseegarnele, gemeinhin auch Krabbe genannt, treibt die ostfriesischen Fischer in den Ruin: Sie wird viel zu billig angeboten. An der Küste unbedingt fangfrisch am Kutter kaufen und selbst pulen.

Hering: Früher ein Arme-Leute-Essen, ist er heute allgemein als leckerer Fisch akzeptiert und aus Ostfriesland nicht wegzudenken. Hier gibt es ihn natürlich vor allem als Emder Matjes.

Queller: Diese an einen Kaktus erinnernde Pflanze speichert Salz in ihrem Inneren. Weswegen sie auch extrem salzig schmeckt. Deshalb sollte man Queller erst wässern, bevor man ihn als warmen Salat mit einer Vinaigrette zu Fisch reicht.

Sanddorn: Eine Zitrone ist geradezu süß im Vergleich zu diesen knallorangefarbenen Beeren. Das muss am vielen Vitamin C liegen. Als Marmelade schmeckt Sanddorn lecker, außerdem ist das Öl gut geeignet für Kosmetika.

Krähenbeere: Diese kleinen röttlichen Beeren müssen gekocht werden, sonst sind sie giftig. Warm können sie zu Fleisch oder Fisch gegessen werden.

Dorsch: Eigentlich ein gewöhnlicher Speisefisch, auch Kabeljau genannt. Auch er ist über die Jahre in zu großen Mengen gefischt worden, so dass er seltener wird.

Dennoch ist Kabeljau in Ostfriesland auf jeder Speisekarte zu finden.

Miesmuschel: Miesmuscheln haben wie die Austern in den Monaten mit »R« Konjunktur. Meist kommen sie aus Zuchtbetrieben aus den Niederlanden.

Essbare Diplomaten aus Ostfriesland

Das Land Niedersachsen hatte eine nette Idee: Ausgezeichnete Produkte aus den Regionen können »Kulinarische Botschafter« werden. Diese essbaren Diplomaten werden einmal pro Jahr in einem Wettbewerb von der Marketinggesellschaft der niedersächsischen Land- und Ernährungswirtschaft ausgelobt. Das Siegel »Kulinarischer Botschafter« erhalten Lebensmittel von hoher Qualität, mit einer authentischen Unternehmensgeschichte und anspruchsvoller Herstellung.

Hier ein paar ausgewählte Diplomaten aus Ostfriesland (und ja, auch zwei aus dem Ammerland):

- Original Ostfriesentee: Thiele Broken Altgold, 2014
- Original Ostfriesentee: Grünpack Echter Ostfriesen-Tee, 2011
- Bio Sanddorn Fruchtaufstrich, 2014
- Mudder Alma Puten-Snirtjebraten, 2014

- Original Norderneyer Seeluftschinken, 2011
- Feinster Zwischenahner Räucheraal, 2011
- Folts Leegmoor, Bitterlikör, 2011
- Echte Leidenschaften, Blätterbrezel, 2010

Wer gern noch mehr findet:
www.kulinarische-botschafter-niedersachsens.de

Ostfrieslands härteste Droge: die Bohntjesopp

Da ist sie ja: die berühmte Bohnensuppe der Ostfriesen. Das unschuldig klingende Ding, das zu allen harmlosen Feierlichkeiten wie Kindsbesichtigungen *(Puppvisit)*, Taufen oder Jubiläen gereicht wird. Dabei ist sie mit größter Vorsicht zu genießen. Abhängig wie eine Droge macht sie zwar nicht, aber sie bläst den stärksten Seemann aus den Pantinen, wenn man nicht zurückhaltend mit ihr umgeht.

Bohntjesopp ist keine Suppe, sondern ein Getränk aus Branntwein mit eingelegten Rosinen, die sich tage-, wenn nicht gar wochenlang schön dick und rund mit Alkohol vollgesogen haben. Vielerorts wird das Ganze noch zusätzlich gesüßt und damit für extra Umdrehungen gesorgt.

Nich lang schnacken, Kopp in Nacken? Nein. Bohntjesopp wird nicht wie ein Schnaps gekippt, sondern mit zierlichen Löffelchen »gegessen«, sprich gelöffelt.

Der Ostfriese weiß ja, was drin ist. Und da sich eine Puppvisit meist am hellichten Tag abspielt, muss man standfest bleiben, man hat ja noch zu tun. Also Vorsicht, wo immer Ihnen Bohntjesopp begegnet: Sie macht ratzefatze *duhn* (kann man sich denken, was das heißt). Auch wenn sie arglos *Kinnertön* genannt wird.

Damit Sie wissen, womit Sie es zu tun haben

600 g Rosinen, 1 Flasche Branntwein (0,7 l)

Rosinen in ein Weckglas füllen, Glas mit Branntwein auffüllen. Gut verschließen und etwa eine Woche quellen lassen. Die fertige Bohntjesopp wird traditionell in kleinen Weingläsern serviert. Manche Rezepte raten sogar zu drei bis vier Wochen Ziehzeit. Wichtig ist die hohe Qualität der ausgewählten Rosinen.

Ein abgewandeltes Rezept für diejenigen, die gern noch Kandiszucker dazunehmen:

250 g Rosinen, 125 g Kandis, 0,7 l Branntwein

Wie oben, nur zusätzlich noch den Kandis in sehr wenig heißem Wasser auflösen und erkaltet dazugeben. Gut umrühren.

Dem experimentierfreudigen Ostfriesland-Gast wird Bohntjesopp gern beim Ostfriesenabitur gereicht. Das ist eine aus Wittmund stammende Touristenattraktion, bei der man einen Tag lang in ostfriesische Gepflogenheiten eingewiesen wird. Auch das Verkosten der Bohntjesopp gehört dazu.

Leser dieses Buches sind aber nun hoffentlich zwiefach gewarnt: erstens vor dem Getränk selbst und zweitens vor der großen Lust des Ostfriesen, Scherze auf Kosten seiner Gäste zu treiben.

Deshalb unser Rat: Lachen Sie, löffeln Sie und zeigen Sie, dass Sie wissen, wann Schluss ist.

Die Teetied: Wie man sich in Ostfriesland bis auf die Knochen blamiert

Essen ist dem Ostfriesen wichtig. Trinken aber auch. Böse Zungen behaupten sogar, Essen sei in Ostfriesland nur ein Vorwand, um tüchtig trinken zu können. Das ist natürlich nicht wahr.

Es sei denn, man meint damit auch die nichtalkoholischen Getränke, etwa den Tee. Dann allerdings kann man mit Fug und Recht sagen, Trinken kommt beim Ostfriesen an erster Stelle. Denn über seinen Tee und die »Teetied« geht ihm nichts.

Um das zu verdeutlichen, machen wir ein Gedankenexperiment: Stellen Sie sich vor, Sie sind im Urlaub in Ostfriesland, wohnen in einem Ferienhäuschen und haben einen netten ostfriesischen Nachbarn, den Sie gern mal zum Tee einladen würden. Bevor Sie Ihren Plan in die Tat umsetzen, müssen Sie wissen: Ostfriesen sind Weltmeister in Sachen Tee. Sie sind das führende Volk der Teetrinker mit einem jährlichen Pro-Kopf-Verbrauch von rund 300 Litern, während das vermeintliche Teeland Großbritannien erst an sechster Stelle kommt. Das bedeutet: Ostfriesen sind Profis, wenn es um Tee geht, und Sie als Laie können enorm viel falsch machen. Das hier zum Beispiel:

1. Sie bringen Ihre Einladung mit den Worten vor, Ihrem Nachbarn »eine hübsche Tasse Tee kochen« zu wollen.

2. Sitzt Ihr Besucher am Tisch, spülen Sie zu Beginn des Beisammenseins die Teekanne nicht mit heißem Wasser aus.

3. Statt losem Tee oder -blättern hängen Sie Beutel in die Kanne.

4. Nachdem Sie den Tee aufgegossen haben, setzen Sie die Kanne nicht auf ein Stövchen.

5. Sie stellen Ihrem Gast einen Becher auf den Tisch.

6. Sie lassen den Tee höchstens drei Minuten ziehen.

7. Sie schenken zuerst Ihrem Besucher ein, dann sich selbst.

8. Sie gießen die Becher voll.

9. Sie bieten Ihrem Gast Zucker an.

10. Und zwar, nachdem der Tee schon eingegossen ist.

11. Sie reichen Ihrem Gast einen Teelöffel zum Umrühren.

12. Sie haben keine Sahne im Haus.

Seien Sie sicher: Wenn Sie bei Punkt 12 immer noch mit dem Ostfriesen am Tisch sitzen, ist es keiner. Jeder echte Landsmann flieht spätestens nach Punkt 5, allerspätestens aber nach 8.

Was haben Sie falsch gemacht?

1. Nicht die »hübsche Tasse Tee« war verkehrt, sondern das Wort »kochen«. Tee ist ein sehr empfindliches Gewächs. Und auch wenn man ihn mit kochendem Wasser übergießt, so »kocht« man ihn doch niemals – man bereitet ihn zu. Auch sprachlich will der Tee gepflegt werden, deshalb sträuben sich einem Ostfriesen die Nackenhaare, wenn man vom Teekochen spricht.

2. Man kann es gleich noch einmal sagen: Tee ist ein empfindliches Gewächs. Sein Aroma entfaltet sich nur dann zu voller Blüte, wenn er in einer vorgewärmten Kanne zubereitet wird. Der Ostfriese weiß das natürlich. Tini Peters, die frühere Betreiberin des legendären Cafés »Sömmerköken« in Bedekaspel, empfiehlt, die Teekanne auf den geöffneten Wasserkessel zu stellen, aus dem der Dampf entweicht: Der habe genau die richtige Warmhaltetemperatur von 100 Grad Celsius, bringe den Tee aber nicht zum Kochen, was »unbedingt beachtet werden muss«.

3. Ja, die ostfriesischen Teehäuser verkaufen auch Teebeutel, aber die nimmt der Küstenbewohner nur, wenn es mal schnell gehen muss (kann vorkommen bei fünf bis sechs Teezeiten pro Tag). Bei einer Einladung jedoch wird er selbstverständlich richtigen Tee erwarten, seinen Original Ostfriesentee, der ein geschützter Begriff ist und nur so heißen darf, wenn er innerhalb der ostfriesischen Grenzen von sachkundiger Hand gemischt wurde. Alles andere darf sich lediglich »ostfriesische Mischung« nennen. Der echte Ostfriesentee wird jedes Jahr von den Teehandelshäusern neu aus der Jahresernte ausgewählt und zusammengestellt, wobei Assam die Grundlage bildet, abgerundet von Ceylon, Darjeeling und weiteren Sorten.

4. In Ostfriesland gibt es sogar noch Stövchenmacher, so wichtig ist das Warmhalten des Tees. Und mancher Ostfriese benutzt gleich zwei Kannen. Die, in der sein Tee aufgegossen wird, und die zweite, in die umgefüllt wird, wenn der Tee ausreichend lange gezogen hat (siehe Punkt 6). Dabei sind Stövchen natürlich unerlässlich. Auch kennt der Ostfriese ein untrügliches Zeichen, das ihm sagt, ob der Tee heiß genug ist (siehe Punkt 9).

5. Nein, nein und nochmals nein. Große, dickwandige Becher sind etwas für Barbaren. Ein Ostfriese trinkt seinen Tee aus einer filigranen Porzellantasse, idealerweise versehen mit dem Dekor der sogenannten hundertblättrigen Rose, die man auch die »Ostfriesenrose« nennt.

6. Weil der kräftige Assam die Grundlage des echten Ostfriesentees ist, braucht er viel Zeit zum Ziehen. Faustregel: fünf Minuten, erst dann haben sich alle Aromen aus dem Tee gelöst. Wer nur eine Kanne benutzt, lässt die Teeblätter darin und gießt immer wieder frisch gekochtes Wasser nach.

7. Falsch, man macht es andersherum: Weil die erste Tasse Tee die dünnste ist und noch nicht das ganze Aroma besitzt, schenkt der Gastgeber sich selbst zuerst ein und dann seinem Besucher, der somit in den Genuss der ersten guten Tasse kommt. Das ist ein Zeichen der Höflichkeit.

8. Das geht gar nicht. Eine Tasse wird nur halb gefüllt, denn darin passiert noch so einiges.

9. Schnöder Haushaltszucker hat bei der Teetied nichts verloren. Es muss Kandis sein, in Kluntje Form. Das sind große, weiße Stücke, die wie Miniatur-Eisberge aussehen. Wird der Tee auf den Kluntje gegossen, knistert er – das ist das Zeichen dafür, dass das Wasser heiß genug war. Knistert er nicht, hat man ein Problem.

10. Falsche Reihenfolge: In jede leere Tasse wird zuerst ein Kluntje gelegt, gekonnt mit der Kluntjezange aus dem Kluntjepott geangelt und über den Tisch bis zu den Tassen transportiert. Das ist umständlich und braucht auch etwas Übung, damit der Kandis nicht unterwegs abhandenkommt. Erst wenn in allen Tassen ein Kluntje versenkt ist, wird Tee eingegossen.

11. Irrtum: Der Löffel wird während des Teetrinkens nicht gebraucht. Er ist nur zu einem einzigen Zweck da: um anzuzeigen, dass kein Tee mehr nachgeschenkt werden soll. Üblicherweise trinkt der Ostfriese drei Tassen, was sich in dem Spruch »Dree is Ostfreesen Recht« niedergeschlagen hat. Hat man genug getrunken, stellt man seinen Löffel in die Tasse. Das zeigt dem Gastgeber an, dass er nicht mehr nachschenken soll. Was er andernfalls unablässig tut – wenn es sein muss, bis zum Kollaps des ahnungslosen Besuchers.

12. Frische Sahne muss sein! Das *Wolkje* ist mit das Schönste am Tee. Ist die Tasse halb gefüllt, nimmt man mit dem Sahnelöffel etwas Sahne und »legt« sie behutsam auf den Tee, bei manchen Traditionalisten in einem Halbkreis gegen den Uhrzeigersinn. Die Sahne sinkt zu Boden und steigt als kleine Wolke wieder auf. Diesem Schauspiel zuzusehen ist Meditation und Erlebnis zugleich und spiegelt ein wenig das Land der Ostfriesen: Der braune Tee erinnert an das Moor, das früher allgegenwärtig war, die Wolke steht für den weiten Himmel, und der Kandis darf ruhig an einen Eisberg gemahnen und daran, dass man sich im Norden befindet. Nur ein ungehobelter Mensch würde jetzt umrühren und alles zunichte machen, was sich in der Teetasse abspielt. Wer über Kultur verfügt, schaut zu, wartet ab und nimmt erst dann einen vorsichtigen Schluck. Das Geschmackserlebnis, so genossen, ist fulminant: heiß natürlich, aber auch herb durch den kräftigen Tee, gemildert durch die zurückhaltende Süße des noch nicht gelösten Kluntje, vollendet durch frische Rahmigkeit – das ist Teegenuss, wie ihn der Ostfriese schätzt.

So, und jetzt denken Sie noch mal an den Anfang zurück: an den Becher mit einem Teebeutel darin, lieblos aufgegossen. Sehen Sie, das kann man einfach nicht machen.

1903

- Entstehungsjahr der Insel Mellum in der Jade-Weser-Mündung

- Todesjahr des ostfriesischen Wasserbauingenieurs Ludwig Franzius, der dafür gesorgt hatte, dass Bremen zum Welthafen aufstieg

- Einwohnerzahl von Holtgast im Jahr 2011. Die Bevölkerung der Gemeinde wächst jährlich aufgrund ihrer Beliebtheit bei Bauwilligen.

- Namensbestandteil des Rudervereins Leer von 1903 e.V.: Der Club gehört zu den erfolgreichsten Rudervereinen in Deutschland, hat Weltmeistertitel, Weltcup-Siege und Olympiateilnahmen eingefahren.

Das ist ungewöhnlich – selbst für Ostfriesland

**»Feucht und fest ist allerbest!«
Urkunde für den schönsten Misthaufen**

Es ist zwar schon lange her, aber die Urkunde für den schönsten Mist wird immer noch in Ehren gehalten. 1950 war das Stapeln eines Misthaufens noch Handarbeit, die man zweimal täglich vornahm. Karl Torben aus Ardorf im Harlingerland verstand sich bestens darauf. Die Landwirtschaftskammer Weser-Ems verlieh dem Bauern daher im selben Jahr eine Urkunde für »hervorragende Leistung auf dem Gebiet der Humuserzeugung«. Sohn Günter Torben besitzt das Dokument noch heute und weiß auch, wie ein richtiger Misthaufen aussehen muss: viereckig. Dazu feucht und gut festgetreten.

Maulwurfsfund Häuptlingsburg

Einem ostfriesischen Maulwurf aus Neermoor ist ein großer Fund gelungen: Er beförderte die Fragmente einer jahrhundertealten Mauer ans Licht. Stücke von Muschelkalkzement in einem seiner Hügel brachten

Archäologen auf die Spur eines Wehrturms aus dem frühen 15. Jahrhundert. Ein Steinhaus also, Wohnstatt ostfriesischer Häuptlinge. Es steht zu vermuten, so ein Experte, dass der Fund zu einer Burg gehört, die eigentlich an anderer Stelle erwartet wurde. Die ostfriesische Ausgrabungsgeschichte muss also möglicherweise neu geschrieben werden.

Wir haben alles – auch einen Äquator

Ostfriesland ist ein geteiltes Land, das weiß jeder, der sich auf dem Ostfriesland-Wanderweg zwischen Sandhorst und Plaggenburg befindet. Denn dort steht ein großer hölzerner Torbogen (inzwischen wieder neu errichtet, nachdem er im Jahr 2012 von unbekannter Hand zerstört wurde). An dieser Stelle verläuft der sogenannte Ostfriesland-Äquator, der das Land in eine südliche und in eine nördliche Hälfte teilt. 1974 offiziell vom Katasteramt Aurich ermittelt, verläuft die Trennlinie bei 53° 30'.

Friesen-Tequila

Vergessen Sie Mexiko. Vergessen Sie überhaupt alles jenseits der ostfriesischen Landesgrenzen, denn was Sie brauchen, findet sich ausnahmslos auch hier (und was Sie nicht finden, brauchen Sie nicht). Also gibt es in Ostfriesland sogar einen landeseigenen Tequila – in der Bar Goode Wind auf Norderney. Die Zutaten: Queller aus dem Watt, ein kräftiger Korn und Sanddornbeeren. Wirt Michael Kleimann serviert seinen Friesen-Tequila so: Sanddornbeeren in ein Schnapsglas geben, Korn darübergießen. Eine Hand ans Glas, die andere an ein Stückchen Queller. Kräftig in das fleischige Ding hineinbeißen, den Salzgeschmack goutieren, Korn hinterherkippen und zum Abschluss auf die Sanddornbeeren beißen. Stilgerecht dazu ein ostfriesischer Trinkspruch:

Kiek mal door, 'ne Möwe ... apropos Möwe, möwi no een?

*Hebb dien Nahbar leev,
man laat de Heeg tüsken jo stahn.*

(Hab deinen Nachbarn lieb,
aber lass die Hecke zwischen euch stehen.)

Quellen und Links

Ahrend, Jürgen: Dokumentation der Orgel der Evangelisch-Reformierten Großen Kirche zu Leer: das historische Pfeifenwerk/ Jürgen Ahrend; Winfried Dahlke. Noetzel Wilhelmshaven 2011

Arends, Silke: Ostfriesische Inseln: Borkum, Juist, Norderney, Baltrum, Langeoog, Spiekeroog, Wangerooge. Koehler 2012

Balder, Holger (Hrsg.): Die gotische Orgel in der Rysumer Kirche. Festschrift zum 555. Jubiläum der gotischen Orgel Rysum 2012. Selbstverlag 2012

Banck, Claudia: Ostfriesische Inseln & Nordseeküste. DuMont 2012

Beninga, Eggerik und Beerens, Johann: Cronika der Fresen. Mit Polizeiordnung Gräfin Anna 1545. BoD 2012

Brandt, Arno (u. a.): Wind im Rücken – die Maritime Wirtschaft in der Wachstumsregion Ems-Achse. Studie im Auftrag des Landkreises Leer. NIW Niedersächsisches Institut für Wirtschaftsforschung e. V. Hannover 2007

Brandt, Arno (u. a.): Hart am Wind: Die Maritime Wirtschaft in der Wachstumsregion Ems-Achse, Studie im Auftrag der MARIKO GmbH. Leer 2013

Braun, Bruno: Auricher Eisenbahngeschichten. Eisenbahnfreunde Aurich e. V. 2013

Bulst, Neithard: Vier Jahrhunderte Pest in niedersächsischen Städten. Vom Schwarzen Tod (1349–1351) bis in die erste Hälfte des 18. Jahrhunderts, in: Landesausstellung Niedersachsen 1985. Stadt im Wandel. Kunst und Kultur des Bürgertums in Norddeutschland 1150–1650. Hrsg. von C. Meckseper, Bd. 4, Braunschweig 1985

Canzler, Gerhard: Ostfriesische Sprichwörter, in: Grenzlandzeitung »Rheiderland«, Ausgabe Nr. 2, 3.1.1998

Cramer, Karl: Die Geschichte Ostfrieslands. Ein Überblick. Isensee Verlag Oldenburg 2003

Damwerth, Dietmar: Sagen und Märchen aus Ostfriesland. Husum 2007

Degering, Thomas: Die Ostfriesen pauschal. Fischer 1999

Dehe, Astrid und Engstler, Achim: Auflaufend Wasser. Steidl Göttingen 2013

Deutscher Teeverband e.V.: Tee als Wirtschaftsfaktor. Aktuelle Zahlen. Stand Mai 2014. Hamburg 2014

Eckert, Gerhard: Anekdoten aus Ostfriesland. Husum 1998

Edition Ostfriesland-Magazin (Hrsg.): Ostfriesland. Soltau-Kurier-Norden 2000

Englert, Lothar: Friesische Freiheit. Leda-Verlag 2010

Erchinger, Heie Focken: Geschichte des Deichbaus in Ostfriesland, in: Neue DELIWA-Zeitschrift, Heft 7/77

Erdmann Fischer, Thomas: Die Anfänge des Frauenstudiums 1900, in: Eine Dame zwischen 500 Herren, hrsg. von Julia K. Koch, Eva-Maria Mertens. Waxmann 2002

EWE Aktiengesellschaft (Hrsg.): DreiStromLand Ems-Weser-Elbe, Band 1. Europa-Verlag 2005

Fort, Marron C.: Niederdeutsch und Friesisch zwischen Lauwerzee und Weser, in: Zwischen Schreiben und Lesen: Festschrift für Hermann Haavekost zum 60. Geburtstag. Hrsg. von Hans-Joachim Waetjen. Oldenburg 1995

Fort, Marron C.: Saterfriesisches Wörterbuch. Helmut Buske Verlag 1980

Gerdes, Peter (Hrsg.): Fiese Friesen. Kriminelles zwischen Deich und Moor. Leda-Verlag 2011

Gutmann, Hermann: Ostfriesland erzählt. Geschichte und Geschichten. Edition Temmen 2011

Haar, Annelene von der: Das Kochbuch aus Ostfriesland. Verlag Wolfgang Höker 1975

Hamburger WeltwirtschaftsInstitut (Außenstelle Bremen): Wachstumspotenziale der Region Weser-Ems und Bremen – Herausforderungen und Perspektiven bis zum Jahr 2030. Studie im Auftrag der Oldenburgischen Landesbank AG. HWWI 2014

Harms, Ralf und Oltmanns, Rüdiger: 100 Jahre Strombauwerke Minsener Oog. Wasser- und Schifffahrtsverwaltung des Bundes. Bundesministerium für Verkehr und digitale Infrastruktur. Publikationen Ausgabe 2009, Heft 43

Hauptmeyer, Carl-Hans: Niedersachsen. Landesgeschichte und historische Regionalentwicklung im Überblick. Hrsg. von der Niedersächsischen Landeszentrale für politische Bildung. Isensee Verlag Oldenburg 2004

Heimann, Lilo (Hrsg.): Schiefer als Pisa. Besonderheiten zwischen Dollart und Jade. Leda-Verlag 2003

Herterich, Petra und Dr. Schröder, Heinrich: Vertrieben nach Ostfriesland. ZGO Leer 2005

Koch, Miriam: Keentied – oder die Kunst, ins Glück zu fliegen. Gerstenberg 2010

Kühn, Manuel et. al.: Beschäftigung, Auftragslage und Perspektiven im deutschen Schiffbau. Ergebnisse der 20. Betriebsrätebefragung im September 2011. Institut Arbeit und Wirtschaft, Universität/Arbeitnehmerkammer Bremen und IG Metall Küste 2011

Küster, Konrad: Kultur der Marschen – Orgeln an der Nordsee. Masterplan. Albert-Ludwigs-Universität Freiburg im Breisgau 2011

Küster, Konrad: Musik am Deich: 500 Jahre Orgelkultur in den Marschen. Textauszug aus Vorträgen am 4. 6. 2010 in Steinkirchen und am 26. 8. 2010 in Langenhorn-Nordfriesland

Lengen, Hajo van: Die Friesische Freiheit des Mittelalters – Leben und Legende. Einführung. Hrsg. Ostfriesische Landschaft 2003

Lilienthal, Georg: 100 Jahre Fußball. Die Geschichte des Fußballsports in Ostfriesland. Hrsg. Ostfriesen-Zeitung GmbH 2000

Marco-Polo-Redaktion: Ostfriesland. Nordseeküste, Niedersachsen, Helgoland. Mairdumont 2006

Müller-Barkei, Jörg: TULLUM! Ein Leben für Ostfriesland. Die Biografie von Rolf Trauernicht. De Utrooper Verlag Leer/Berlin 2011

Müller, Michael: Reisereportage. Die letzten weißen Flecken Deutschlands – Ostfrieslands unbewohnte Inseln. Michael Müller Verlag GmbH 2014

Nahmer, Uda von der: Windgesang. Orgeln, Wind und Verwandte. Ostfriesische Landschaft 2008

Niedersächsischer Landesbetrieb für Wasserwirtschaft, Küsten- und Naturschutz (Hrsg.): Jahresbericht 2012. Norden 2013

Nowack, Nicolas: Nordsee ist Wortsee. Wachholtz 2006

Ostfriesische Landschaft (Hrsg.): Land der Entdeckungen. Die Archäologie des friesischen Küstenraums. Ostfriesische Landschaft 2013

Ostfriesische Landschaft (Hrsg.): Migrationsbewegungen seit dem Zweiten Weltkrieg und ihre Bedeutung für Ostfriesland: Dokumentation zur Oll'-Mai-Veranstaltung am 5. Mai 2012 in Norden-Norddeich. Ostfriesische Landschaft 2012

Ostfriesische Landschaft (Hrsg.): Moden und Maneren. Ostfrieslands Bräuche, Traditionen und Besonderheiten. Ostfriesische Landschaft 2012

Ostfriesische Landschaft (Hrsg.): Ostfriesland. Geschichte und Gestalt einer Kulturlandschaft. Ostfriesische Landschaft 1996

Peters, Tini: Meine traditionelle ostfriesische Küche. Tee-, Back- und Kochrezepte aus der »Sömmerköken«. Uwe Rolf GmbH 2013

Prahm, Heyo (Hrsg.): Hermine Heusler-Edenhuizen: Die erste deutsche Frauenärztin. Verlag Barbara Budrich 2006

Puhle, Matthias: Piraterie im Mittelalter – Klaus Störtebeker und andere Seeräuber an Niedersachsens Küsten, in: Landesgeschichte im Landtag. Hrsg. v. Präsident des Niedersächsischen Landtages. Hannover 2007

Schlachter, Hildegard und Reinhardt, Waldemar: Wo Häuptlinge und Adel lebten. Burgen und Schlösser in Ostfriesland, Oldenburg und im nördlichen Emsland. Verlag Soltau-Kurier-Norden 1997

Schopf, Reiner: Memmert, die achte Insel, in: Zeitschrift »Nationalpark«, Nr. 133/2006

Schuster, Theo: Jan un Greetje. Ostfriesische Vornamen. Schuster-Verlag 1995

Statistisches Bundesamt (Destatis) u. a., (Hrsg.): Datenreport 2013. Ein Sozialbericht für die Bundesrepublik Deutschland. Bundeszentrale für politische Bildung

Tammena, Manno Peters: Namengebung in Ostfriesland: Personennamen – Patronymische Namen. Ursprung, Entwicklung, Niedergang. Verlag Soltau-Kurier-Norden 2008

Trauernicht, Rolf: Erlebnisse des Fehn-Schiffers Rolf Trauernicht (Tullum). 2008

Vogel, Harald; Ruge, Reinhard; Noah, Robert: Orgellandschaft Ostfriesland. Verlag Soltau-Kurier-Norden 1997

Waldherr, Gerhard: Inselstolz. Zwischen Strandkorb und Sturmflut. 25 Leben in der Nordsee. Ankerherz 2013

Wiechers, Karl-Heinz: Und fuhren weit übers Meer. Zur Geschichte der ostfriesischen Segelschifffahrt. Band III: Die Fehne. Verlag Soltau-Kurier-Norden 1997

Windhorst, Mareike/Möckel, Matthias u. a.: Küstenküche Weisse Düne Norderney. Küstenküche Verlags GbR, Bremen 2009

Wolf, Klaus-Peter: Ostfriesensünde. Fischer 2010

Wichtige Links

Landesvereinigung der Milchwirtschaft Niedersachsen, www.milchwirtschaft.de

Für Informationen zu Flächen: Landesamt für Geoinformation und Landvermessung Niedersachsen (LGLN), unter: www.gll.niedersachsen.de

Informationen zu Gemeinden und Städten unter den jeweiligen Homepages

Informationen zu touristischen Zielen unter: www.ostfriesland.de und den Tourismuszentralen der Gemeinden und Städte

Informationen zu Kulinarischen Botschaftern des Landes Niedersachsen unter www.kulinarische-botschafter-niedersachsen.de sowie den Herstellerseiten

Informationen über den Windenergiemarkt vom Bundesverband Windenergie, BWE

Informationen zu Tourismuszentralen liefert die Industrie- und Handelskammer Bezirk Ostfriesland-Papenburg. www.ihk-emden.de

Informationen zum Weltnaturerbe Wattenmeer unter anderem unter: www.nationalpark-wattenmeer.de/nds

Herausragend ist die Wikipedia-Seite über Ostfriesland: de.wikipedia.org/wiki/Ostfriesland

Ebenfalls toll der Ostfriesland-Blog: www.leer-zeichen.de

Und natürlich unsere Lieblingsseite: www.botschaft-ostfriesland.de

Danke!

Ohne die folgenden Personen wäre dieses Buch nicht zustande gekommen. Sie haben uns mit Rat und Hilfe zur Seite gestanden, sich Löcher in den Bauch fragen lassen und kompetente Antworten auf knifflige Fragen gegeben. Manche haben auch wochenlang im Hintergrund ihren Teil dazu beigetragen, dass es überhaupt Antworten gab. Oder unterstützten uns auf andere Weise: unkompliziert, engagiert und wohlwollend. Wir sagen ihnen allen von Herzen Danke!

Silke Arends, Redakteurin Ostfriesland Magazin, Norden | Astrid Assing, Pädagogin, Wittmor | Imke Bergmann, Assistentin Dr. Müller-Wohlfahrt, München | Holger Bloem, Chefredakteur Ostfriesland Magazin, Norden | Uta Bunn, Bürokoordination Wirtschaftsblatt, Kaarst | Silke Burmester, Journalistin, Hamburg | Winfried Dahlke, Organeum, Weener | Marlene Fellbaum, Großheide | Anne-Mette Evers, Verein Ostfriesischer Stammtierzüchter, Leer | Norbert Fiks, Journalist und Organisator der Science-Fiction-Tage, Leer | Dr. Hauke Friederichs, Historiker und Journalist, Hamburg | Peter Gerdes, Autor, Leer | Peter Golon, Orgelsachverständiger, Stade | Benjamin Hanke, Deutsche UNESCO-Kommission e. V., Bonn | Uwe Heyen, Vorsitzender des Fußballvereins SV Großefehn | Thiemo Janssen, Organist, Norden | Justina Lethen, Niedersächsisches Ministerium für Umwelt, Energie und Klimaschutz, Hannover | Dr. Sylvia Lott, Schriftstellerin, Hamburg | Dirk Lüerßen, Ems-Achse, Papenburg | Andrea Mertes, Journalistin, München | Tebbe Meyer, Molkerei Rücker, Aurich | Matthias Möckel, Restaurantchef, Norderney | Dr. Hans-Wilhelm Müller-Wohlfahrt, Mediziner, München | Winfried Neumann, Vorsitzender des Fußballkreises Aurich | Jens Pauw, Figurenbauer, Leer | Friedrich Rottmann, Verein Ostfriesischer Stammtierzüchter, Leer | Christoph Schönbeck, NOMINE, Stade | Manno Peters Tammena, Namensforscher, Nortmoor | Gerhard Waldherr, Journalist und Autor, Berlin | Dr. Paul Weßels, Ostfriesische Landschaft, Aurich | Rudi Zimmeck, Niedersächsisches Ministerium für Umwelt, Energie und Klimaschutz, Hannover

Ein besonderer Dank geht an unsere Familien und an unsere Freunde.

Klaus-Peter Wolf
Ostfriesenwut
Der neunte Fall für Ann Kathrin Klaasen
Band 19726

In Leer wird eine junge Frau tot aus einem Weiher gefischt. Erste Spuren führen Ann Kathrin Klaasen zu deren Freund. Doch merkwürdig: In der Wohnung des Mannes gibt es keinen einzigen Hinweis auf dessen Identität. Könnte es sein, dass hier einer im Verborgenen lebt und agiert? Ann Kathrin ahnt nicht, in welches Wespennest sie da gestochen hat. Die Aufklärung könnte sie nicht nur ihre berufliche Existenz, sondern ihr Leben kosten. Denn das Schicksal einer ganzen Region hängt nur mehr an einem seidenen Faden.

»Milieuskizze und Gesellschaftsroman zugleich ...«
Oliver Schwambach, Saarbrücker Zeitung

Das gesamte Programm gibt es unter
www.fischerverlage.de

**Ruhrpott-Max trifft Friesen-Wibke
und Urlaubslektüre trifft Reiseführer**

Das Heimatbuch für alle Küstenfreunde

Insa Lienemann und Katharina Jakob
**Heimatbuch Ostfriesland – Wo man abends »Moin« sagt
und Gummikugeln Vorfahrt haben**
Hardcover, € 10,95 D | € 11,30 A | SFr. 16.50 UVP CH
ISBN 978-3-934918-87-0

www.conbook-verlag.de